포인트 **CCM**

반주완성

1

QR 개정판

samho music

포인트 CCM 반주완성 ❶

차례

Chapter 2 리듬

이 책을 보는 반주자들에게

반주자라면 누구나 반주를 잘 하고 싶을 것입니다. 하지만 개인레슨을 받지 않으면 배울 수 있는 곳도 별로 없고, 지금까지 나온 대부분의 반주법 교재들은 학원용 교재이기 때문에 실제로 교회에서 반주하기에는 부족한 것이 사실입니다. 재즈피아노가 중심이 된 반주 교본을 구하기도 쉽지 않고, 구한다 하더라도 이론만 가득한 재즈피아노 교본이거나 '도솔미솔'만 반복하는 옛날 반주법 교재가 대부분이어서 실제로 교회에서 반주하는 반주자들에게는 어려움이 많습니다.

이 책은 이론적인 부분들은 줄이고 어떻게 반주해야 하는지 예를 들어서 설명한 CCM반주교재입니다. CCM반주는 재즈화성학을 기본으로 하지만 이 책은 화성학 책이 아니기 때문에 복잡한 이론은 나오지 않습니다. 하지만, '코드의 한음 아래를 친다!' 같은 반드시 알아야 할 몇 가지 원칙들은 나옵니다. 이론을 얼마나 알고 있느냐가 중요한 것이 아니라 실제로 얼마나 활용을 잘 하느냐가 더 중요합니다. 느낌만으로 연주하기에는 한계가 있습니다. 이론을 이해하고 적용하는 과정은 마치 수학과 같습니다. 때로는 암기도 필요하고, 적용 능력도 필요합니다. 무엇보다 노력을 하지 않으면 실력이 늘지 않습니다. QR코드의 음원을 들어보고, 실제로 곡을 연주해보면서 실력을 늘려야 합니다. 이 책은 1, 2권으로 나뉘어서 모두 18가지 반주방법을 설명하고 있습니다. 알고 있는 내용이라면 굳이 처음이 아닌 중간부터 시작해도 됩니다.

반주는 꽃꽂이와 같습니다. 많은 재료들 가운데서 알맞은 재료를 선택하여 보기 좋게 만드는 작업입니다. 재료만 많이 있다고 잘 된 꽃꽂이가 나오는 것은 아니지만 재료가 많이 있으면 사용할 수 있는 선택이 늘어나기 때문에 그만큼 유리합니다. 반주를 배울 때는 먼저 재료를 많이 모은 후에 그것을 적용하는 것입니다. 엄밀히 말하면 그 적용은 여러분의 몫입니다.

CCM반주는 참 재미있습니다. 무엇보다 실제로 교회에서 활용할 수 있는 장점이 있습니다.
이 책으로 실력을 쌓아서 보다 멋지게 반주하는 여러분을 상상합니다.

반주에서 코드를 알면 이미 반은 성공한 것입니다. 코드는 무조건 암기하는 것이 아닌 원칙을 가지고 이해하는 것입니다. 또, '코드가 이런 것이구나'하고 아는 것으로 그치는 것이 아니라 직접 연주하면서 연습하는 것도 중요합니다.

Chapter 1

코 드

메이저 리그, 메이저 코드, 메이저 스케일….

이렇게 메이저(Major)라는 말은 무엇인가 중요한 의미를 갖습니다.

음악에서 사용되는 사전적인 의미 말고, 실제적 의미로 메이저는

'기준'을 나타냅니다. 음악에는 여러 가지 스케일이 있지만

메이저 스케일을 기준으로 조금씩 달라지는 것뿐이고,

코드도 메이저 코드를 기준으로 조금씩 바뀌는 것뿐입니다.

그렇게 때문에 메이저 코드, 메이저 스케일 등

메이저가 붙은 음악용어나 이론을 모르고서는 마이너 스케일,

마이너 코드 등 나머지 음악이론들을 알 수 없습니다.

코드를 알면 반주에서 반은 끝낸 것입니다.

그 중에서 가장 기본이 되는 메이저 코드를

알면 코드의 반을 배운 것이나 다름 없습니다.

도미솔, 레파라, 미솔시….

음악시간에 배웠던 내용들을 잘 떠올려 봅시다.

메이저 코드

01

1 메이저 코드
어쨌든 코드를 알아야 연주를 할 수 있다

악보 위에 있는 Cm, A2, F♯m7 등의 영문이 바로 코드입니다(이미 알고 있다고요?). 반주를 하려면 어쨌든 코드를 알아야 합니다. 코드를 알면 반은 마쳤다고 할 수 있습니다. 코드는 화성을 나타내주는 기호로, 많은 종류가 있는 것처럼 보이지만 만들어지는 원리를 알면 코드의 종류는 사실 몇 개 안 됩니다.

음악은 수학과 비슷합니다. 무조건 외우는 것이 아니라 법칙을 이해해야 합니다. 코드를 알기 위해선 처음에는 이해가 필요하고 그 다음에 암기, 그 이후에 적용입니다.

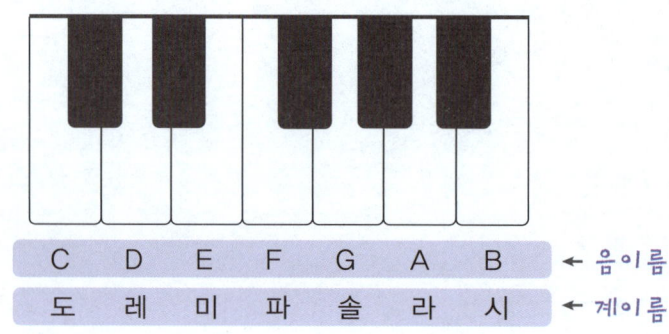

흔히 알고 있는 '도'는 '계이름'이고 'C, D, E'처럼 영어로 되어 있는 것들은 '음이름'입니다.

계이름은 상대적인 순서를 나타낸 것이고 음이름은 변하지 않는 절대적인 음을 알파벳으로 표시한 것입니다. '도'라는 것은 스케일의 첫 번째 음을 나타내며, C음이 '도'가 될 수도 있고 G음이 '도'가 될 수도 있습니다. 코드는 대부분이 3개의 음이 쌓여서 이루어집니다. 음악시간에 배웠던 '도미솔', '파라도' 등이 그 예입니다.

'도레미파솔라시'에서 1,3,5번째 있는 음을 모아서 코드를 만들었습니다. 보통 코드는 3-4개의 음으로 구성되고 5-6개가 들어가는 경우도 있습니다. 음 사이의 간격은 3도를 기본으로 쌓여지지만 2도나 4도가 되기도 합니다.

코드에는 메이저(C), 마이너(Cm), 디미니시(Cdim), 오그먼트(Caug), 서스포(Csus4), 하프 디미니시(half diminish) 등이 있습니다. 가장 기본이 되는 코드는 '메이저 코드' 입니다. 밝은 느낌의 코드로 C코드의 경우 구성음은 '도미솔' 입니다.

메이저 코드는 많이 쓰이는 코드이면서도 가장 쉽고 기본이 되는 코드입니다. 각 음 사이의 간격은 두 음 (장3도), 한음 반(단3도)으로 되어있습니다. 어떤 음부터 시작하더라도 이 원칙을 지키면 모두 메이저 코드가 됩니다. 오른손으로 누를 경우 엄지, 가운뎃손가락, 새끼손가락으로 세 음을 누르게 되는데 12키를 누른다고 해도 손가락의 기본적인 모양은 변하지 않습니다.

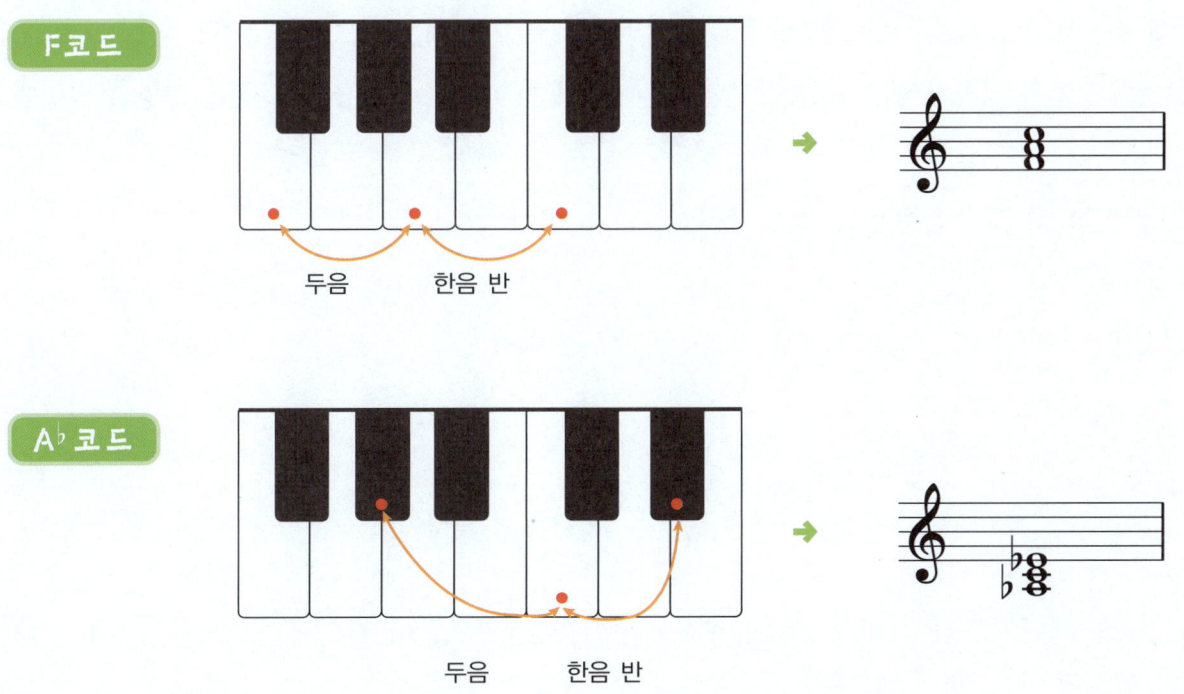

오른손 모양과 음 간격은 어떤 코드를 치더라도 기본적으로 같습니다.

메이저 코드 일람표

코드	계이름	음이름	코드	계이름	음이름
C	도 미 솔	C E G	G♭ (F#)	솔♭ 시♭ 레♭	G♭ B♭ D♭
F	파 라 도	F A C	B	시 레# 파#	B D# F#
B♭	시♭ 레 파	B♭ D F	E	미 솔# 시	E G# B
E♭	미♭ 솔 시♭	E♭ G B♭	A	라 도# 미	A C# E
A♭	라♭ 도 미♭	A♭ C E♭	D	레 파# 라	D F# A
D♭	레♭ 파 라♭	D♭ F A♭	G	솔 시 레	G B D

코드는 계이름 뿐 아니라 음이름도 같이 외워야 합니다. F코드를 생각하는 순간 '파라도' 가 떠올라야하고, 동시에 'F, A, C' 가 떠오를 정도로 코드를 외웁시다. 메이저 코드를 암기하면 그 외에는 조금씩 변형되는 것 뿐입니다.

G♭의 구성음을 암기하는 것은 쉽지 않지만 G코드(솔, 시, 레)를 먼저 생각하고 나중에 플랫을 붙이면 쉽게 G♭코드의 구성음(G♭, B♭, D♭)을 찾을 수 있습니다. 마찬가지로 플랫이 붙은 E♭, D♭, A♭등의 코드도 먼저 E, D, A 코드의 구성음을 먼저 암기하고 나중에 플랫을 붙이면 구성음을 쉽게 찾을 수 있습니다.

오른손 엄지손가락으로 루트(가장 낮은음)를 잡으면 자연스럽게 메이저 코드가 잡히도록 손 모양을 익히면서 연습합시다.

이렇게 3개의 음으로 이루어진 코드를 트라이어드(Triad)라고 합니다.

실전적용!!

한 옥타브 안에는 모두 12개의 음이 있고, 그 음을 기본으로 한 메이저 코드도 12개가 있습니다. 12가지 메이저 코드를 짚을 수 있으면 앞으로 진행되는 여러 가지 코드도 쉽게 연주할 수 있습니다.

4도 진행으로 모든 메이저 코드를 잡는 연습을 하겠습니다.

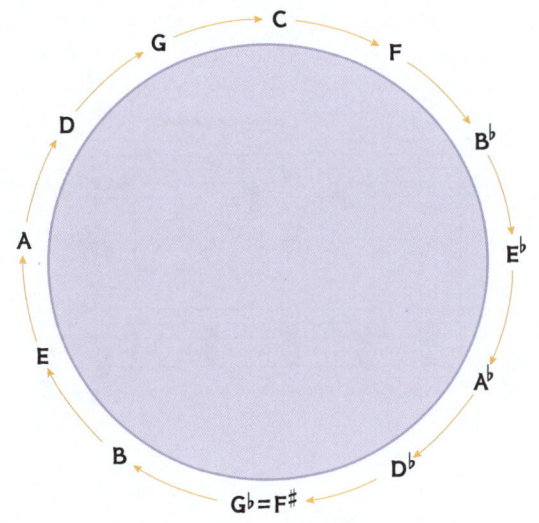

4(5)도권 : 코드 진행을 4도 위(5도 아래)로 계속 진행하면 다시 처음 시작했던 코드로 돌아오는 원.
오른쪽으로 돌면 4도권이 되고 왼쪽으로 돌면 5도 진행이 된다.

위의 순서로 메이저 코드를 치는 연습을 해봅시다. 처음에는 악보를 보면서 연주하지만 안 보고도 4도권 순서에 따라서 연주할 수 있어야 합니다.

4도권 진행에 맞춰서 나열한 메이저 코드

이 코드진행 순서를 반드시 암기합시다.

C → F → B♭ → E♭ → A♭ → D♭ → G♭ → B → E → A → D → G

실전곡 연습 죄짐 맡은 우리 구주

▶▶ 메이저 코드로만 이루어져 있는 찬송가입니다. 양손으로 멜로디와 반주를 치는 것보다 오른손으로 코드를 잡고 노래를 함께 부르면서 치는 것이 더 좋습니다. 노래가 오른손 반주 때문에 끊기지 않도록 완벽하게 코드를 잡을 수 있도록 노력합시다.

C.C. Converse

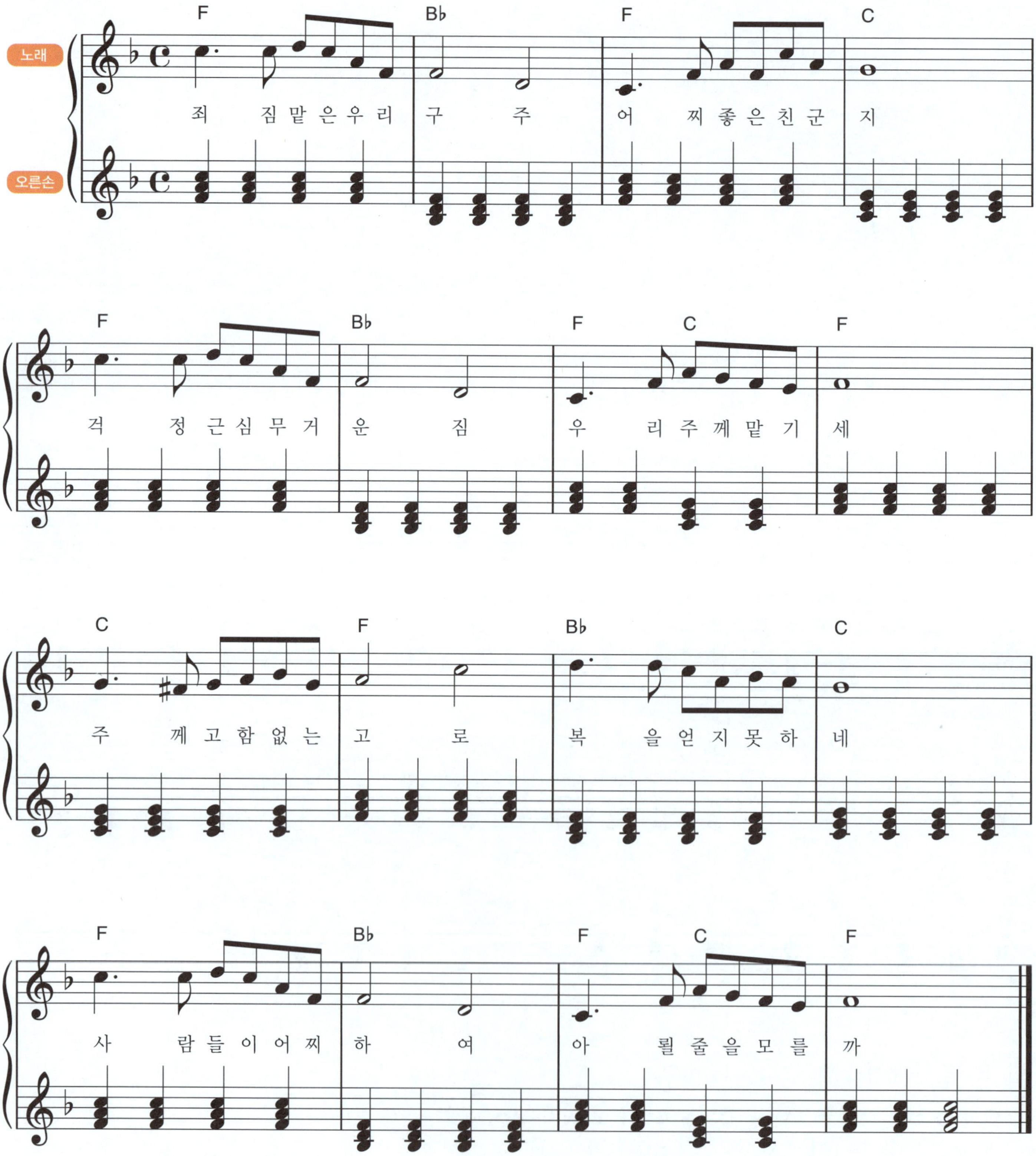

노래 / 오른손

죄 짐맡은우리 구 주 어 찌좋은친군 지

걱 정근심무거 운 짐 우 리주께맡기 세

주 께고함없는 고 로 복 을얻지못하 네

사 람들이어찌하 여 아 뢸줄을모를 까

실전곡 연습 나의 영원하신 기업

▶▶ $\frac{3}{4}$ 박자 예제곡입니다. 한 마디에 4분음표 3개를 일정하게 치는 것이 중요합니다. 역시 노래를 부르면서 오른손으로 반주해봅시다.

S.J. Vail

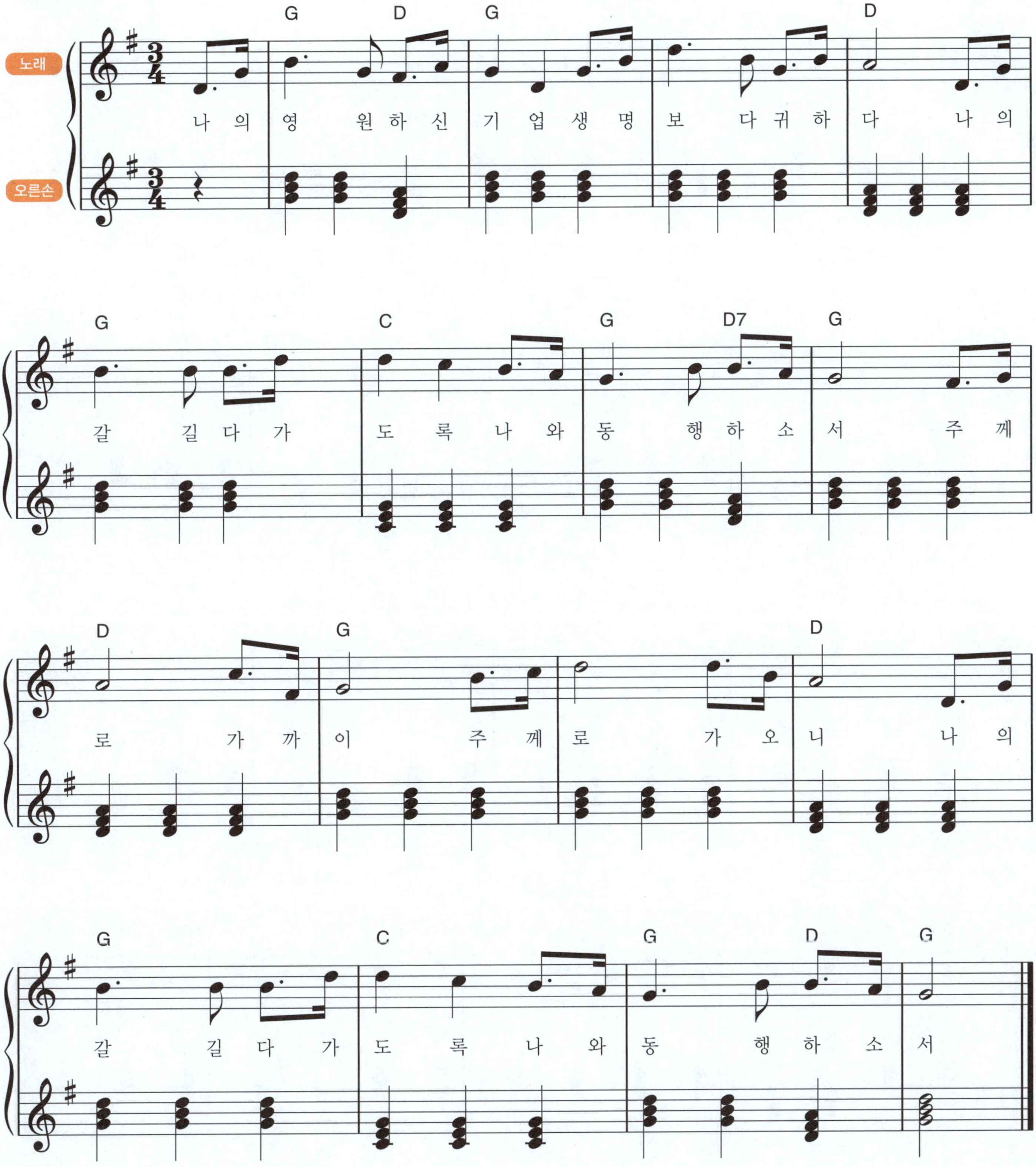

노래
오른손

나의 영 원하신 기업생명 보 다귀하 다 나의

갈 길다가 도 록나와동 행하소 서 주께

로 가까 이 주 께로 가오 니 나의

갈 길다 가도 록나와동 행하소 서

실전곡 연습 내 주 되신 주를 참 사랑하고

▶▶ 이제는 왼손으로 화음을 연주해봅시다. 노래를 부르면서 왼손 반주를 해도 좋지만, 오른손으로 멜로디를 쳐 봅시다. '이것을 연주할 수 있느냐 없느냐?' 가 중요한 것이 아니라, '얼마만큼 정확하게 연주할 수 있느냐?' 가 중요합니다. 때론 쉽게 느껴지지만 각 메이저 코드를 정확히 익히는 연습이 될 수 있도록 합시다.

A.J. Gordon

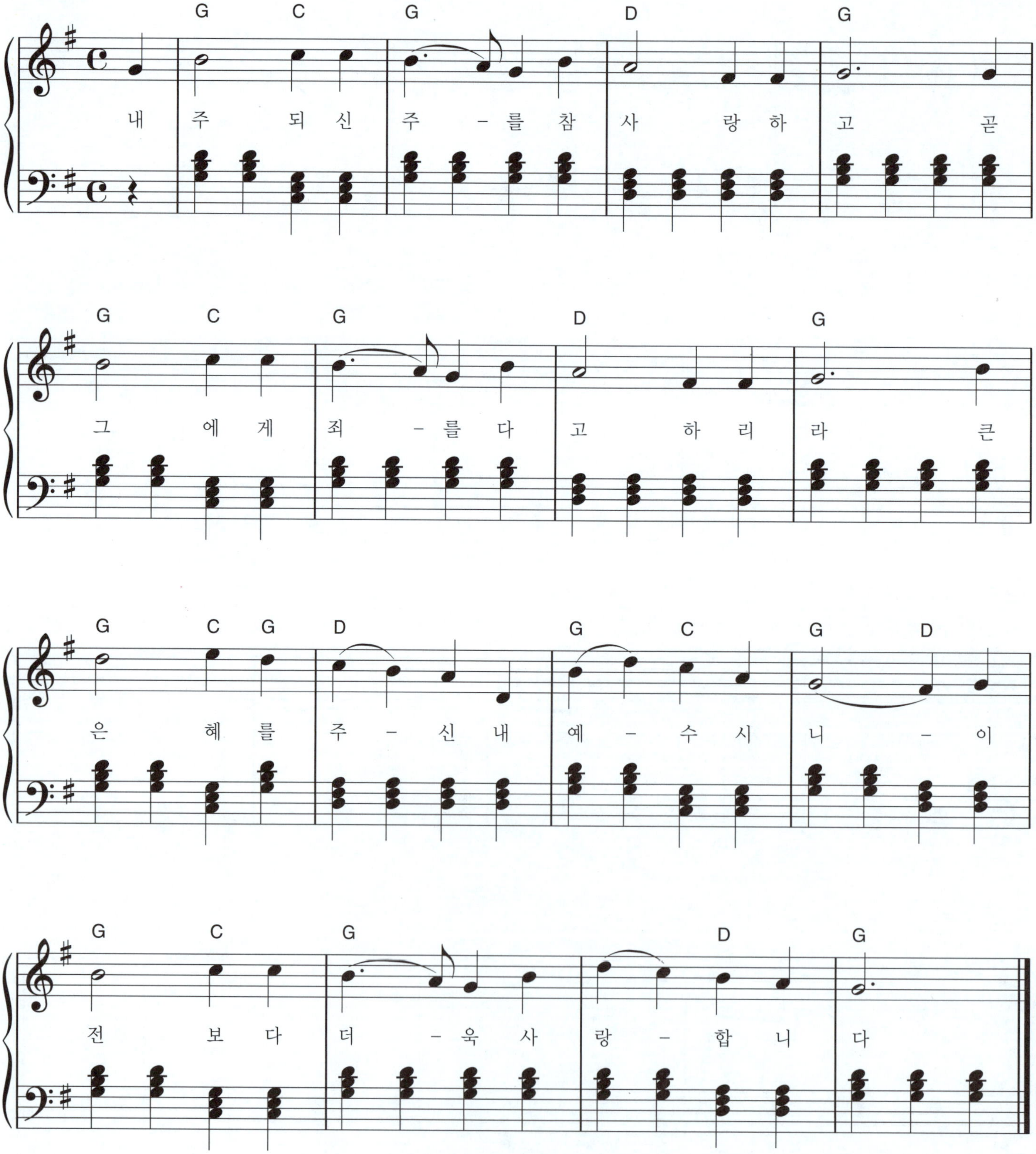

내 주 되신 주 - 를 참 사 랑 하 고 곧

그 에게 죄 - 를 다 고 하 리 라 큰

은 혜 를 주 - 신 내 예 - 수 시 니 - 이

전 보 다 더 - 욱 사 랑 - 합 니 다

14

나 주를 멀리 떠났다

▶▶ CCM 반주를 할 때에는 샵 계열의 코드들을 많이 사용하지만 찬송가는 플랫 계열의 코드를 많이 사용합니다. CCM 뿐만 아니라 찬송가도 많이 연주하기 때문에 플랫 계열의 코드들도 자연스럽게 연주할 줄 알아야 합니다. 샵과 플랫 모두 자연스러울 수 있도록 연습합시다.

W.J.Kirkpatrick

메이저 코드와 더불어 많이 쓰이는 코드가 마이너 코드입니다.

메이저 코드와 비교하면 어두운 느낌이 나는데, 세 번째 음이

반음 내려가 있습니다. 메이저 코드에서 세 번째 음을

반음 내리면 마이너 코드가 됩니다. 가운데 손가락만 살짝 내려주면

자연스럽게 마이너 코드가 만들어 집니다.

코드를 하나씩 들으면 분명 마이너 코드는 어두운 느낌을 주지만,

곡에서 쓰이는 마이너 코드는 어두운 느낌 보다는

차분한 느낌을 주기도 합니다.

마이너 코드

02

2 마이너 코드
세 번째 음만 반음 내리면 마이너 코드

마이너(minor) 코드는 어두운 느낌이 나는 코드입니다. 하지만 실제 곡에서 쓰일 때는 어두운 느낌 보다는 차분한 느낌이 듭니다. 메이저와 마이너는 한 개의 음만 다를 뿐 나머지는 똑같습니다. 메이저 코드에서 세 번째 음을 반음 내리면 바로 마이너 코드가 됩니다. 오른손으로 잡았을 때 가운뎃손가락을 반음 내리면 마이너 코드가 되는 것입니다. 물론 메이저 코드를 먼저 잡을 줄 알아야 마이너 코드도 쉽게 연주할 수 있습니다. 메이저 코드를 반드시 익힌 후에 마이너 코드 연습을 합시다.

Cm코드

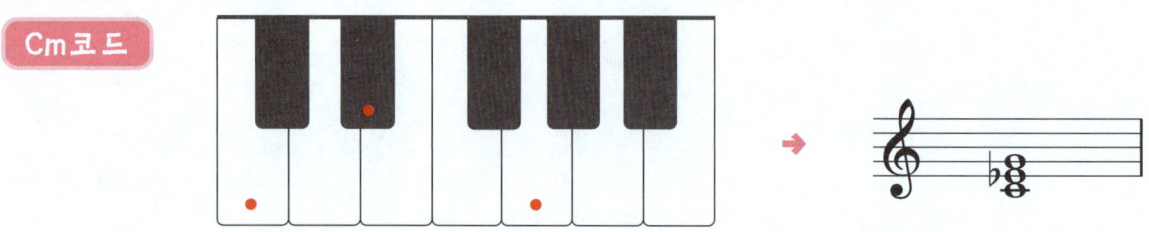

C코드의 세 번째 음(미)이 반음 내려가서 어두운 느낌의 마이너 코드가 만들어졌습니다. 소문자 'm'을 붙여서 Cm로 표시합니다.

Cm는 'C음을 기준으로 만든 마이너 코드다' 라는 의미입니다.

메이저와 마이너를 구분 짓는 중요한 음은 바로 3번째 음입니다. 메이저 코드를 알면 자연스럽게 마이너 코드도 알 수 있습니다. 메이저 코드와 음정 순서가 바뀌어서 '한음 반', '두음' 의 순서가 되며 마이너 코드라면 이 원칙이 항상 적용됩니다.

Fm코드

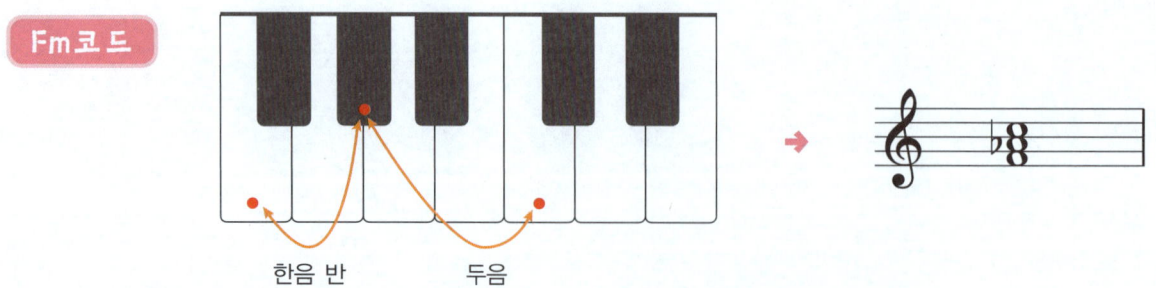

한음 반   두음

F와 Fm의 차이는 세 번째 음 뿐입니다. F코드를 먼저 잡은 후에 가운뎃손가락을 반음 내립니다.

역시 4도권으로 마이너 코드를 누르는 연습을 합시다.

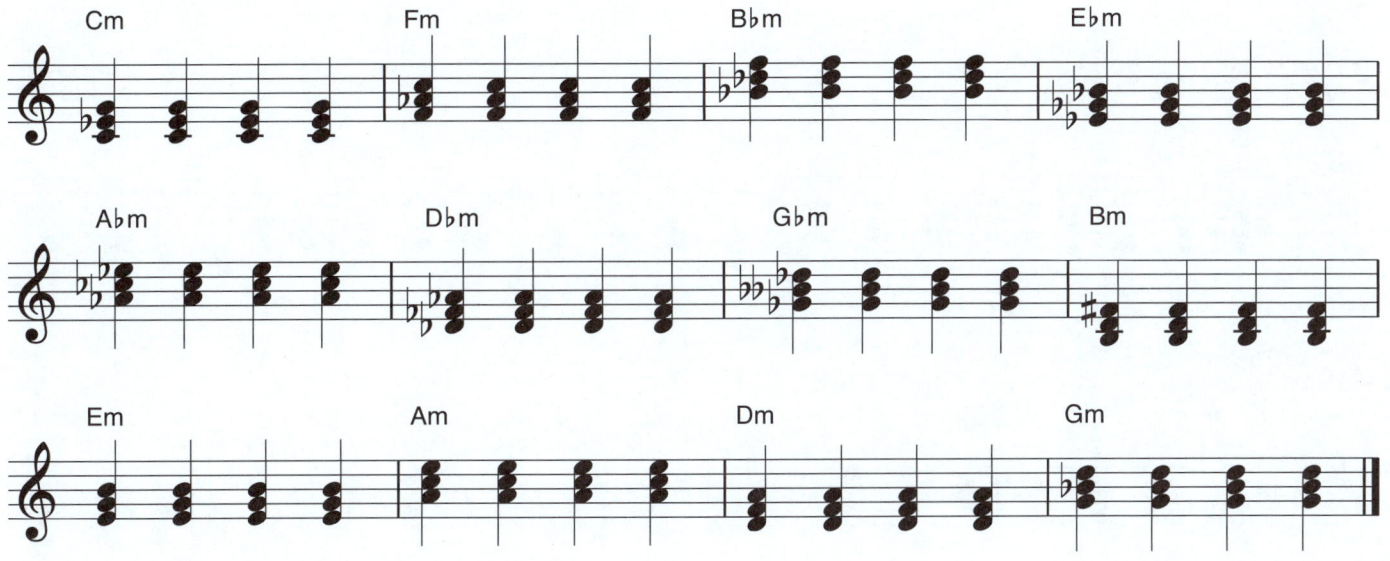

메이저 코드의 3음만 반음 내린 형태입니다.

A♭m, D♭m, G♭m 은 G#m, C#m, F#m와 같습니다. G♭m의 구성음을 찾기 어려우면 F#m으로 바꾸어 생각하면 쉽습니다. 이제 위의 악보를 보지 않고 칠 수 있도록 연습합시다.

4도권에 맞춰서 C-F-B♭-E♭-A♭-D♭-G♭-B-E-A-D-G의 순서만 보고 마이너 코드를 칠 수 있어야 합니다.

마이너 코드 일람표

코드	계이름	음이름	코드	계이름	음이름
Cm	도 미♭ 솔	C E♭ G	G♭m (F#m)	솔♭ 라 레	G♭ A D♭
Fm	파 라♭ 도	F A♭ C	Bm	시 레 파#	B D F#
B♭m	시♭ 레♭ 파	B♭ D♭ F	Em	미 솔 시	E G B
E♭m	미♭ 솔♭ 시♭	E♭ G♭ B♭	Am	라 도 미	A C E
A♭m	라♭ 시 미♭	A♭ B E♭	Dm	레 파 라	D F A
D♭m	레♭ 미 라♭	D♭ E A♭	Gm	솔 시♭ 레	G B♭ D

마이너 코드는 메이저 코드를 기본으로 3음이 반음 내려가 있는 형태입니다. 메이저 코드를 확실하게 암기했다면 마이너 코드도 쉽게 암기할 수 있습니다. 곡을 연주하면서 메이저와 마이너 코드를 암기하는 것이 가장 확실한 암기법입니다.

각 키에서 자주 사용되는 코드진행을 정리했습니다. 모든 키에서 자유롭게 누를 수 있도록 연습하는 것이 중요합니다. 각 코드의 1, 3, 6, 2, 5도 코드입니다. 이런 코드진행이 실제 곡에서도 많이 쓰입니다.

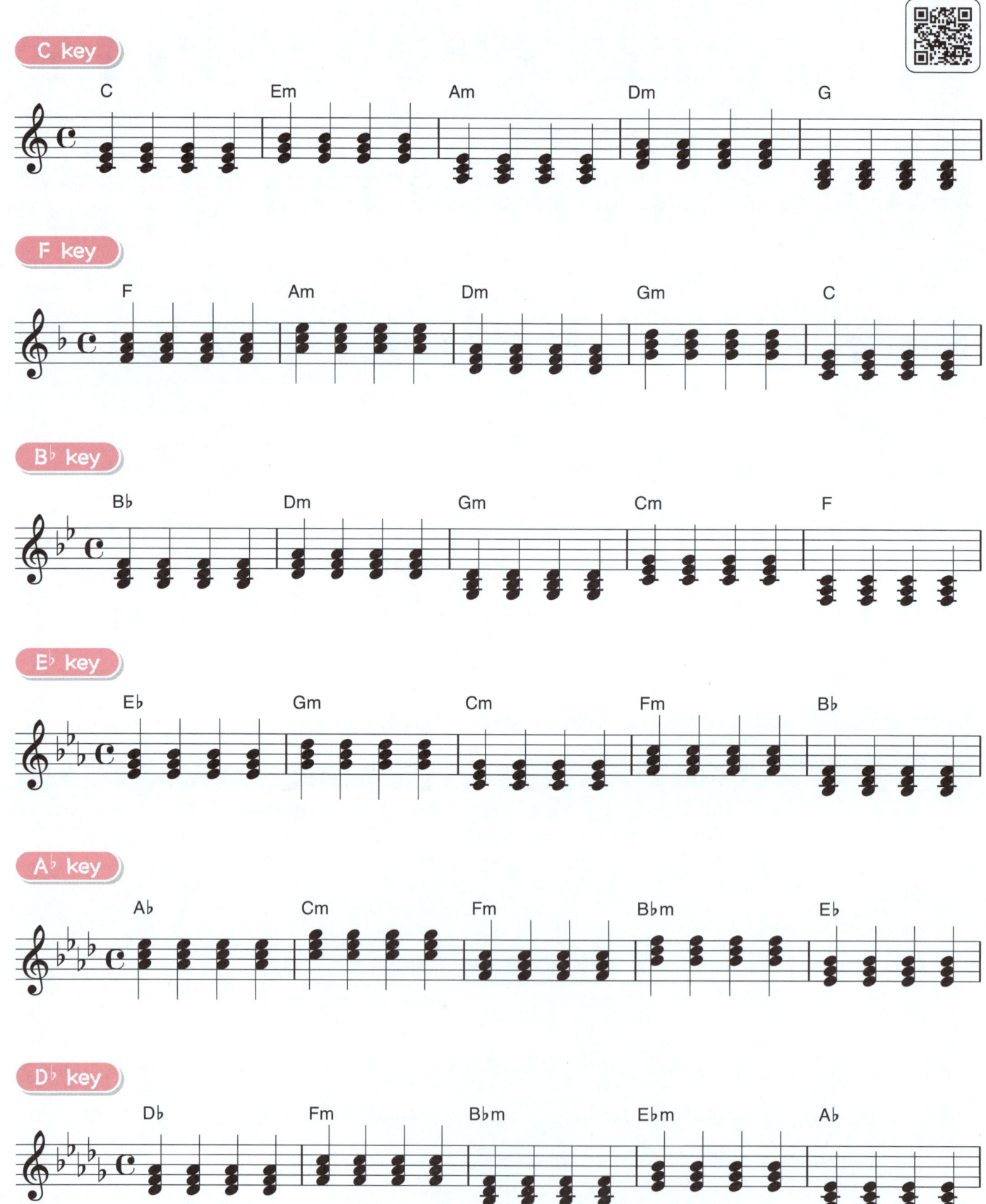

실전적용!!

G♭ key

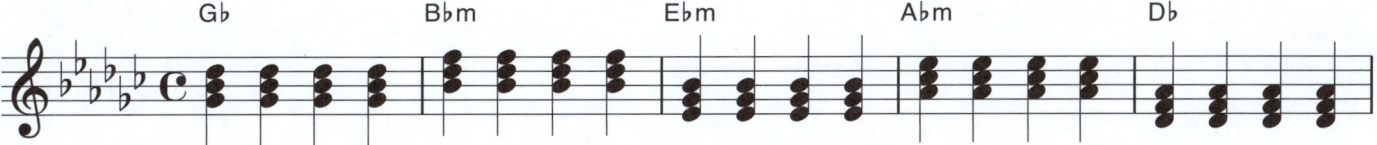

B key

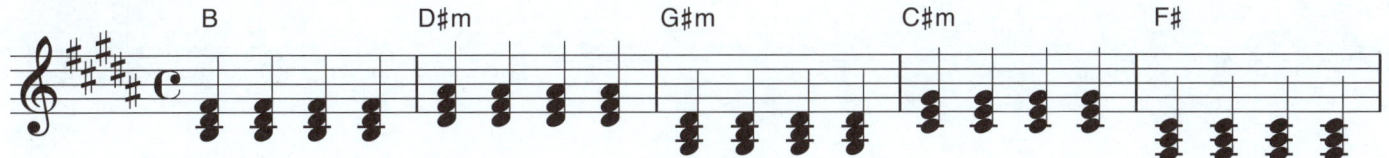

E key

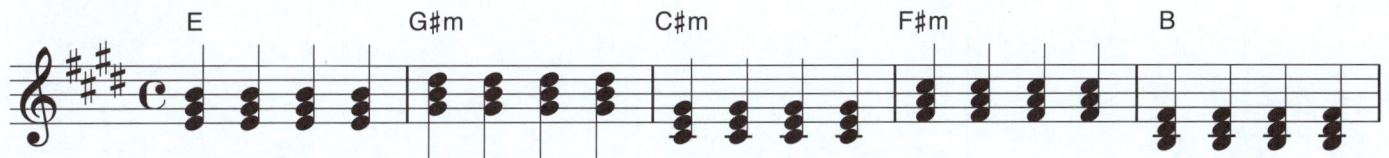

A key

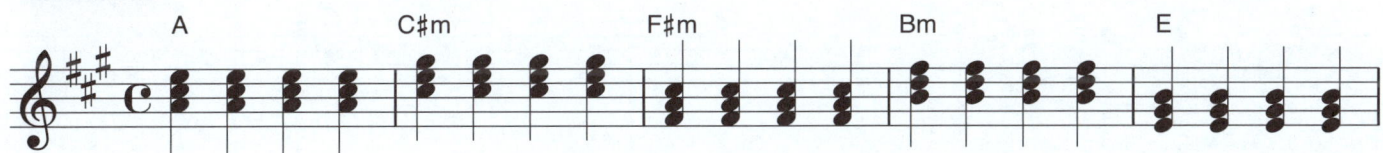

D key

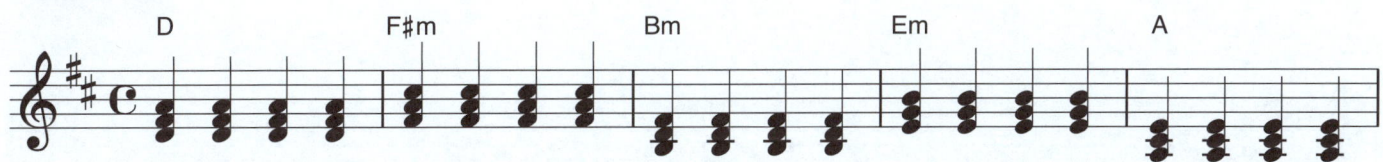

G key

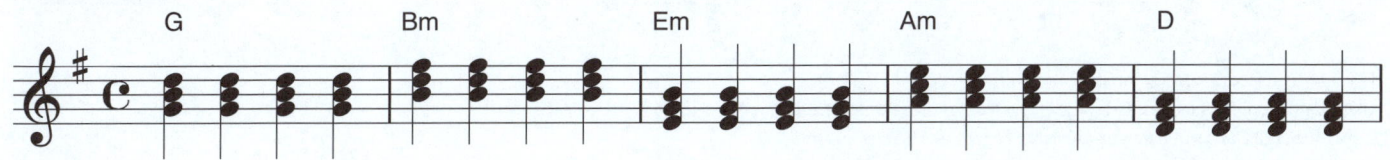

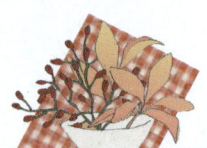

실전곡 연습 목마른 사슴 (As the Deer)

▶▶ 메이저와 마이너 코드가 적절히 나와 있는 예제입니다. 반드시 입으로 노래를 부르면서 오른손으로 코드를 정확히 누르는 연습을 합시다. 노래가 끊기지 않도록 오른손 코드를 막힘 없이 연습하는 것이 목표입니다.

Martin Nystrom

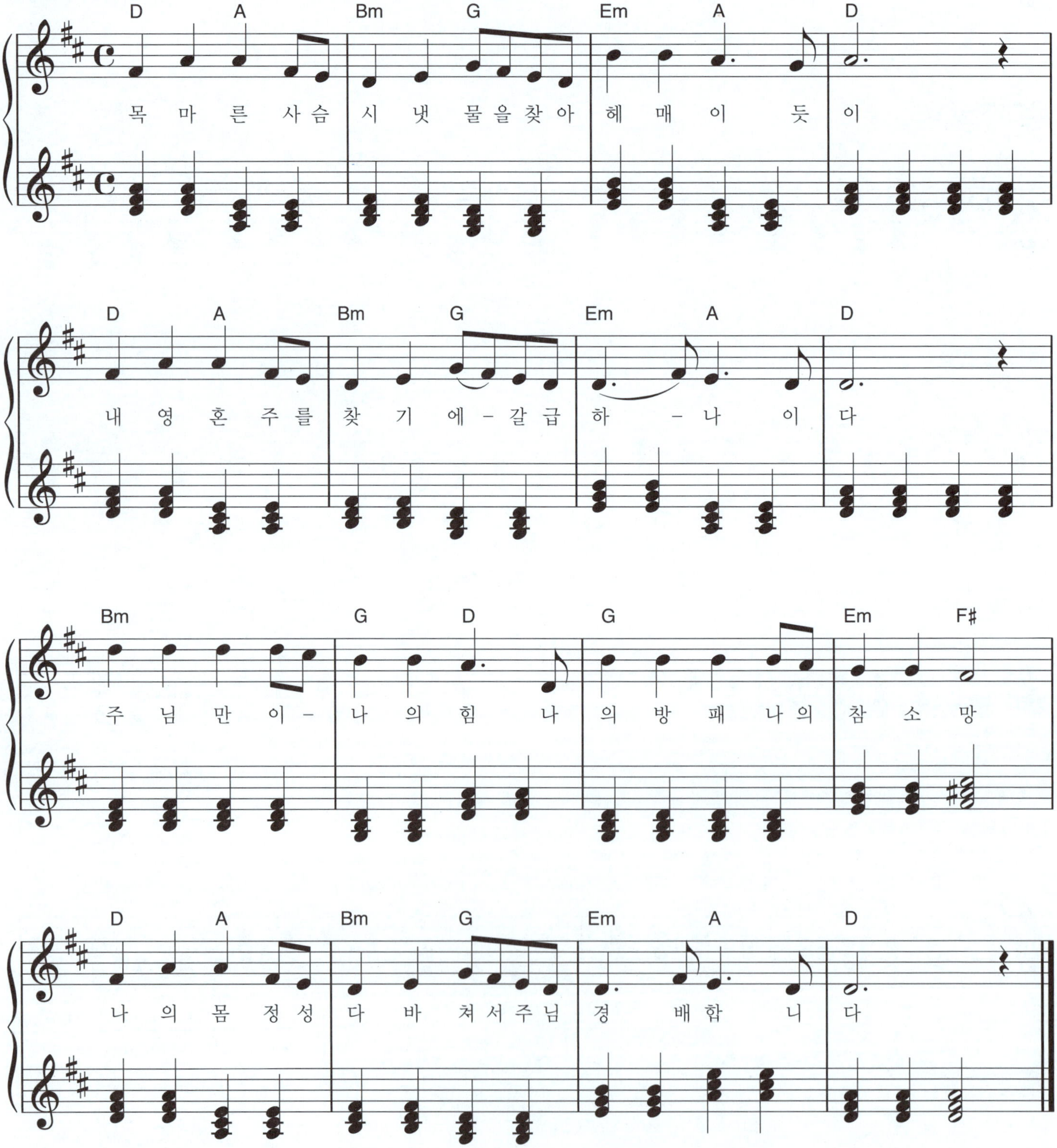
D A Bm G Em A D
목 마 른 사 슴 시 냇 물 을 찾 아 헤 매 이 듯 이
D A Bm G Em A D
내 영 혼 주 를 찾 기 에 – 갈 급 하 – 나 이 다
Bm G D G Em F#
주 님 만 이 – 나 의 힘 나 의 방 패 나 의 참 소 망
D A Bm G Em A D
나 의 몸 정 성 다 바 쳐 서 주 님 경 배 합 니 다

실전곡 연습 목마른 사슴 (As the Deer)

▶▶ D키를 반음 올려서 E♭키를 만들었습니다. D키와 E♭키에서 모두 연주할 수 있도록 코드를 연습하세요.

Martin Nystrom

목 마른 사 슴 시 냇 물을찾아 헤 매 이 듯 이

내 영혼 주를 찾 기 에 - 갈급 하 - 나 이 다

주 님 만 이 - 나 의 힘 나 의 방 패 나의 참 소 망

나 의 몸 정 성 다 바 쳐 서 주 님 경 배 합 니 다

O.T. : As The Deer / O.W. : Martin J. Nystrom
O.P. : Universal Music - Brentwood Benson Publ. / S.P. : Universal Music Publishing Korea, CAIOS
Adm. : Capitol CMG Publishing / All rights reserved. Used by permission.

실전곡 연습 목마른 사슴 (As the Deer) 왼손 연주(1)

▶▶ 코드는 양손 모두 익숙하게 연주할 수 있어야 합니다. 오른손으로 멜로디를 치고 왼손으로 코드를 연주해보세요.

Martin Nystrom

목 마 른 사 슴 시 냇 물 을 찾 아 헤 매 이 듯 이

내 영 혼 주 를 찾 기 에 – 갈 급 하 – 나 이 다

주 님 만 이 – 나 의 힘 나 의 방 패 나 의 참 소 망

나 의 몸 정 성 다 바 쳐 서 주 님 경 배 합 니 다

O.T. : As The Deer / O.W. : Martin J. Nystrom
O.P. : Universal Music - Brentwood Benson Publ. / S.P. : Universal Music Publishing Korea, CAIOS
Adm. : Capitol CMG Publishing / All rights reserved. Used by permission.

실전곡 연습 목마른 사슴 (As the Deer) 왼손 연주(2)

▶▶ E♭키로 연주하는 왼손 반주입니다. 플랫 계열도 왼손으로 코드를 누르는데 부족함이 없도록 해야합니다.

Martin Nystrom

목 마 른 사 슴 시 냇 물 을 찾 아 헤 매 이 듯 이

내 영 혼 주 를 찾 기 에 – 갈 급 하 – 나 이 다

주 님 만 이 – 나 의 힘 나 의 방 패 나 의 참 소 망

나 의 몸 정 성 다 바 쳐 서 주 님 경 배 합 니 다

O.T. : As The Deer / O.W. : Martin J. Nystrom
O.P. : Universal Music - Brentwood Benson Publ. / S.P. : Universal Music Publishing Korea, CAIOS
Adm. : Capitol CMG Publishing / All rights reserved. Used by permission.

실전곡 연습 목마른 사슴 (As the Deer)

▶▶ F키로 전조한 목마른 사슴입니다. 각 코드를 정확히 연주할 수 있어야 합니다. 색다른 코드가 나올 때 연습을 해 놓아야만 어떤 코드가 나와도 당황하지 않습니다. 막히지 않고 끝까지 진행된다면 코드연주는 합격입니다.

Martin Nystrom

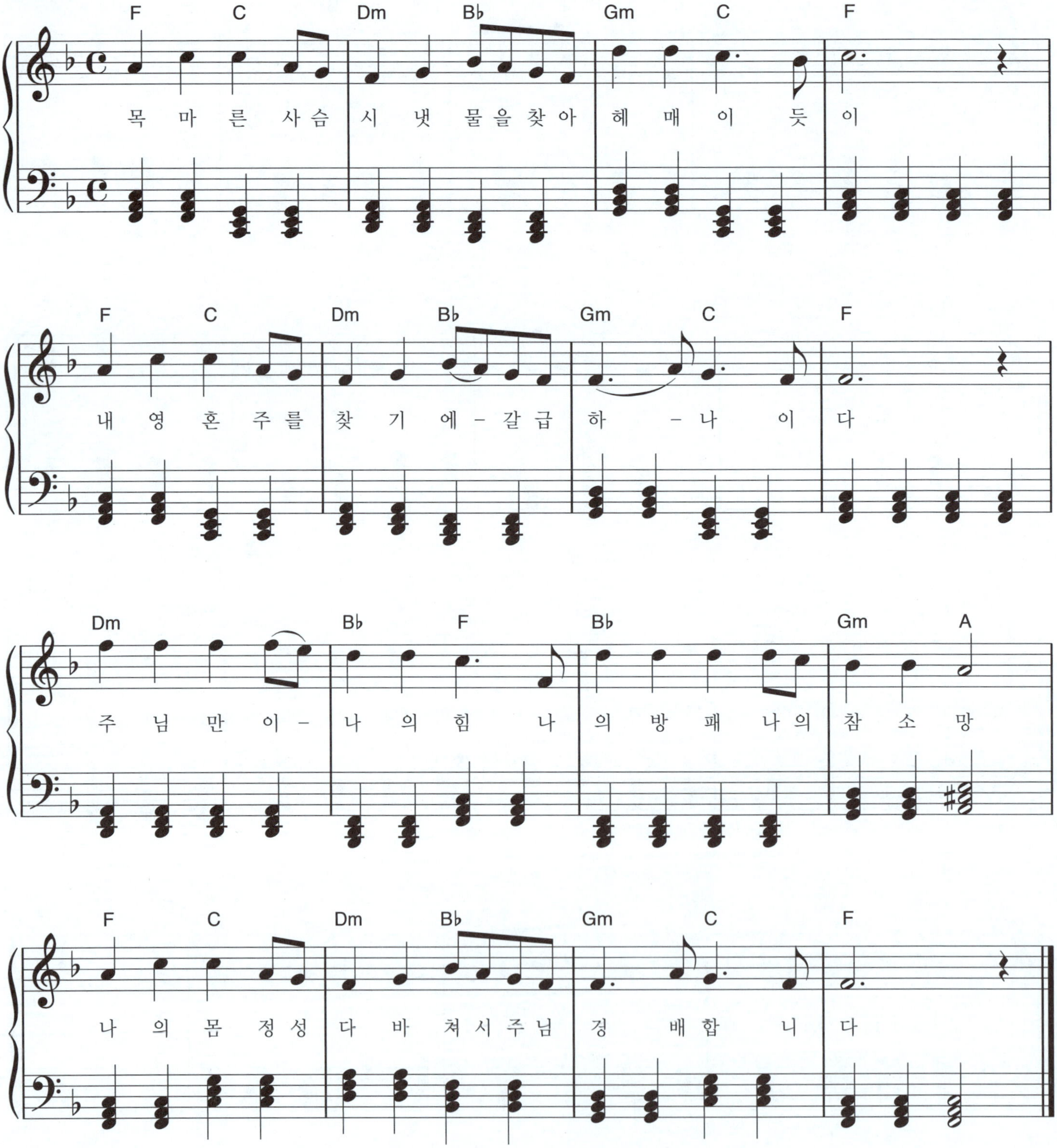

목 마른 사슴 시 냇 물을 찾아 헤 매 이 듯이 이

내 영 혼 주를 찾 기 에 – 갈급 하 – 나 이 다

주 님 만 이 – 나 의 힘 나 의 방 패 나의 참 소 망

나 의 몸 정 성 다 바 쳐 시 주님 경 배합 니 다

실전곡 연습 목마른 사슴 (As the Deer)

▶▶ A♭키로 연주한 목마른 사슴입니다. 일반적으로 CCM곡들은 플랫 계열보다 샵 계열이 많기 때문에 플랫이 많이 나오는 곡을 연주할 때 당황하는 경우가 종종 있습니다. 플랫 계열도 익숙하게 칠 수 있도록 연습하세요.

Martin Nystrom

목 마른 사슴 시 냇 물을찾아 헤 매 이 듯 이

내 영혼 주를 찾 기 에 - 갈급 하 - 나 이 다

주 님 만이 - 나 의 힘 나 의방 패 나의 참 소 망

나 의몸 정 성 다 바 쳐 서주님 경 배 합 니 다

O.T. : As The Deer / O.W. : Martin J. Nystrom
O.P. : Universal Music - Brentwood Benson Publ. / S.P. : Universal Music Publishing Korea, CAIOS

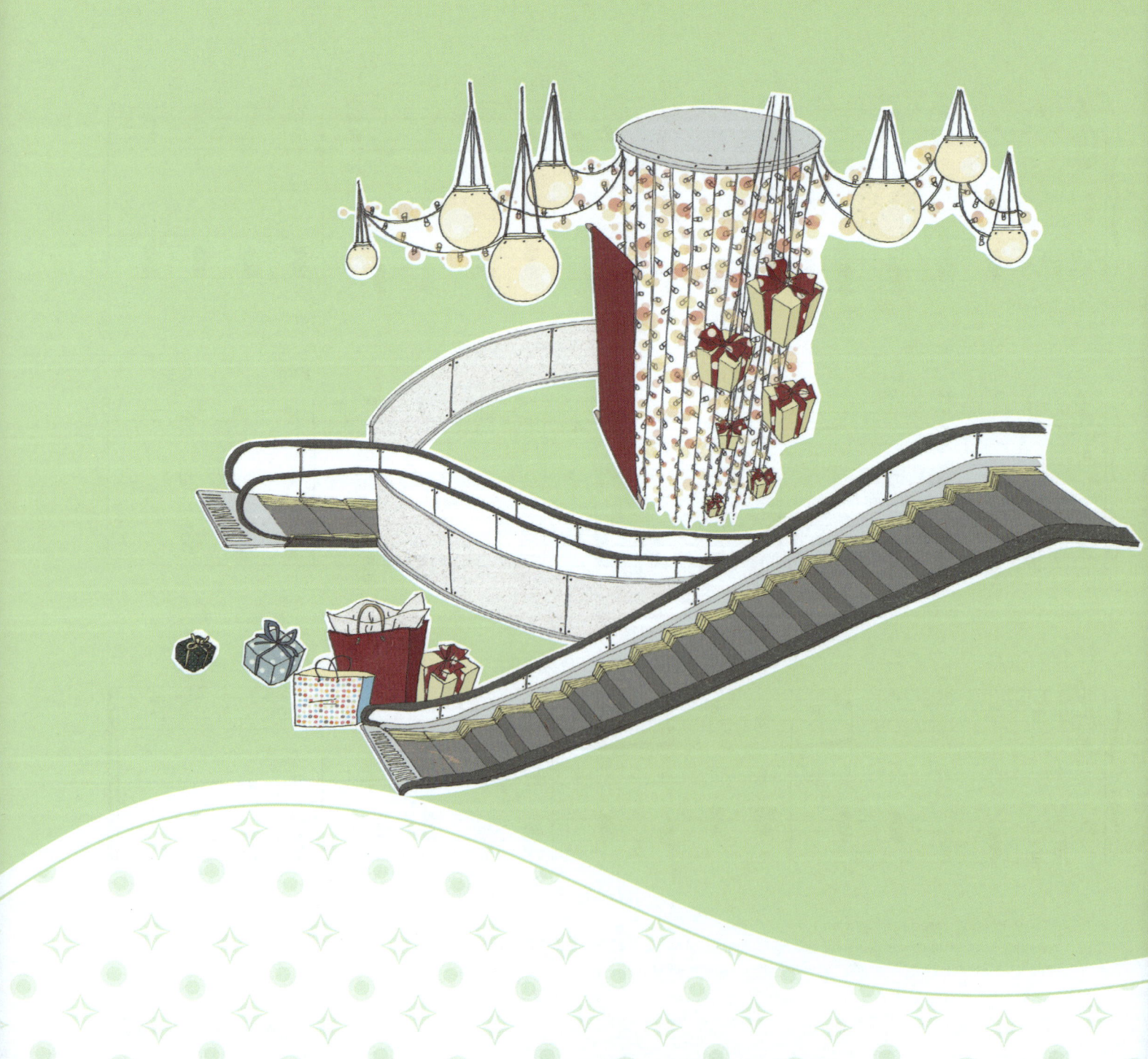

반주는 클래식 연주가 아니기 때문에 3화음보다는
7화음을 많이 사용합니다. 스케일의 7번째 음이
붙었다고 해서 7화음으로 부르기도 하고,
3화음 코드 위에 음을 한 개 추가해서 4화음으로
부르기도 합니다. 외워야 할 것은 늘어났지만,
화성이 더욱 풍성해졌습니다.
팝이나 가요, CCM 등은 대부분 4화음으로
구성되어있기 때문에 금방 귀에 익숙해질 것입니다.
찬송가 등의 클래식 곡들을 4화음으로 연주하면
마치 팝송처럼 부드럽게 들립니다.

세븐스 코드

03

3 세븐스 코드

4개의 음으로 구성된 보다 세련된 코드

지금까지 배웠던 메이저, 마이너 코드는 3개의 음으로 구성되어있기 때문에 트라이어드(Triad)라고 불리는데, 한 개의 음을 더 넣어서 화성을 풍성하게 할 수 있습니다. 4개의 음을 사용하기에 '4th 코드'라고 부르기도 하고, 7번째 있는 음을 넣었기 때문에 세븐스 코드(7th Chord) 라고 부르기도 합니다. 메이저 세븐(maj7), 마이너 세븐(m7), 도미넌트 세븐(7)의 3가지가 있고 잘 사용하지는 않지만 마이너 세븐 플랫 파이브 (m7♭5)코드도 있습니다.

C코드의 루트에서 반음 아래 있는 음(장7도)을 넣으면 메이저 세븐(Cmaj7)이 됩니다.

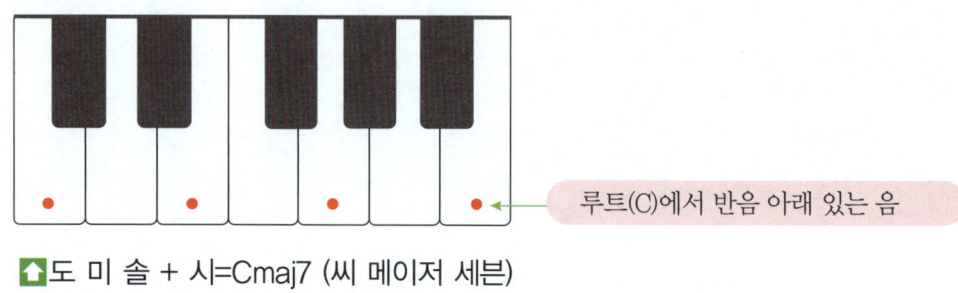

루트(C)에서 반음 아래 있는 음

⬆도 미 솔 + 시=Cmaj7 (씨 메이저 세븐)

메이저 코드에 루트에서 한음 아래에 있는 음(단7도)이 들어가면 도미넌트 세븐 코드(C7)가 됩니다.

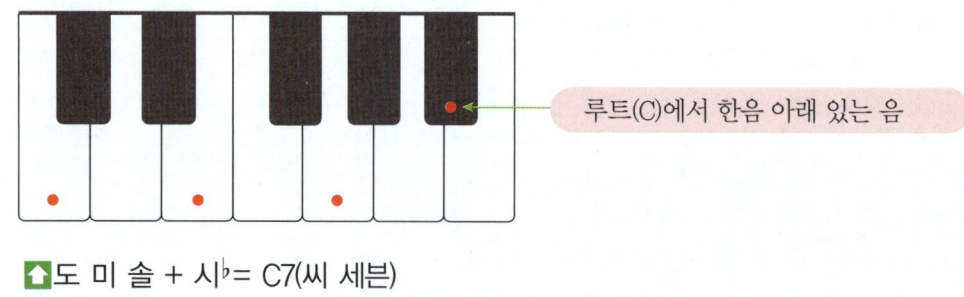

루트(C)에서 한음 아래 있는 음

⬆도 미 솔 + 시♭= C7(씨 세븐)

마이너 코드에 루트에서 한음 아래에 있는 음(단7도)이 들어가면 마이너 세븐 코드(Cm7)가 됩니다.

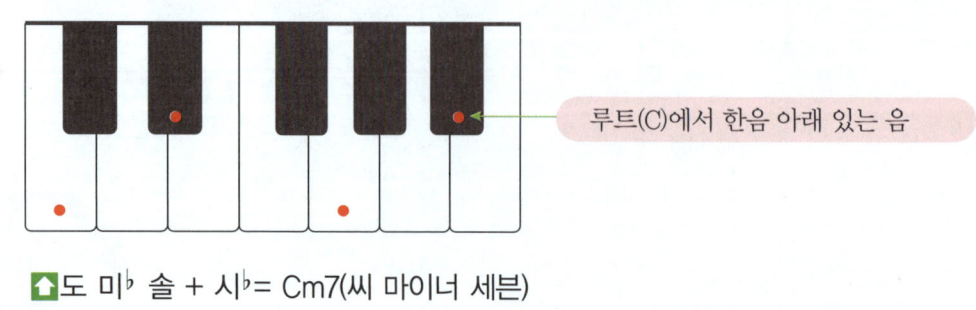

루트(C)에서 한음 아래 있는 음

⬆도 미♭ 솔 + 시♭= Cm7(씨 마이너 세븐)

• 메이저 세븐 코드 (CM7)

메이저 코드에 장7도 음을 추가하면 메이저 세븐 코드가 됩니다. 메이저 코드 보다 세련되게 들리고 오묘한 느낌을 줍니다. 장7도 음은 코드의 루트(C)에서 반음 아래에 있는 음이기 때문에 쉽게 찾을 수 있습니다. 표기는 대문자 'M'을 사용하여 'CM7'으로 표시하며 영어로 'maj7'이라고 표기하기도 합니다.

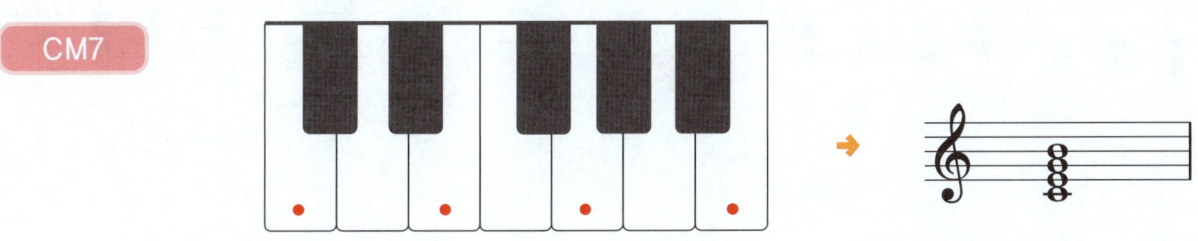

메이저 세븐(maj7) 음은 루트에서 반음 아래 있는 음

• 세븐 코드(7)

뒤에 7이 붙는 세븐 음은 단7도 음을 추가한 것으로 3화음의 루트에서 한음 아래에 있는 음을 추가한 코드입니다.

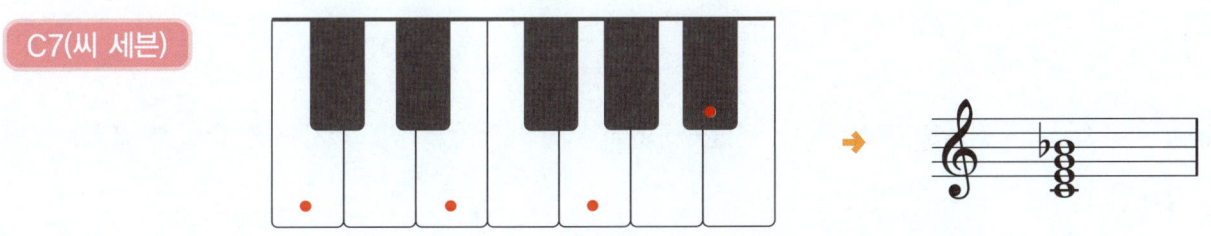

C코드의 루트에서 한음 아래 있는 B♭음을 추가하여서 C7코드가 되었습니다.

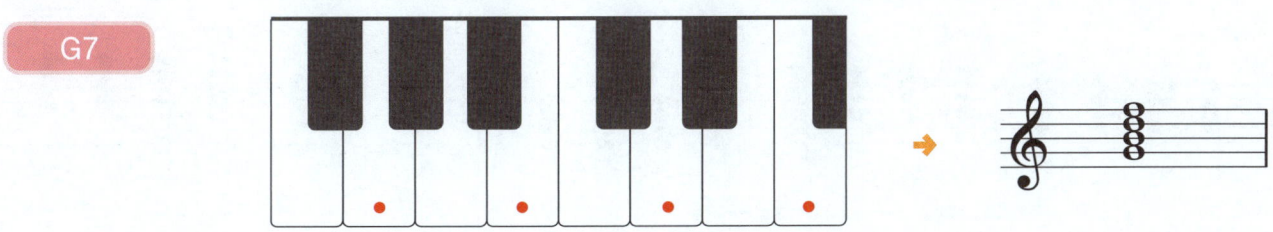

G 메이저 코드(솔 시 레)에 루트에서 한음 아래 있는 음(파)를 첨가해서 G7이 되었습니다. G 뿐만 아니라 A, E, F 등도 루트에서 한음 아래에 있는 음을 첨가하면 세븐 코드가 됩니다.

실전적용!!

3개의 음으로 구성된 트라이어드 코드진행입니다.

깔끔하기는 하지만 단순한 느낌입니다.

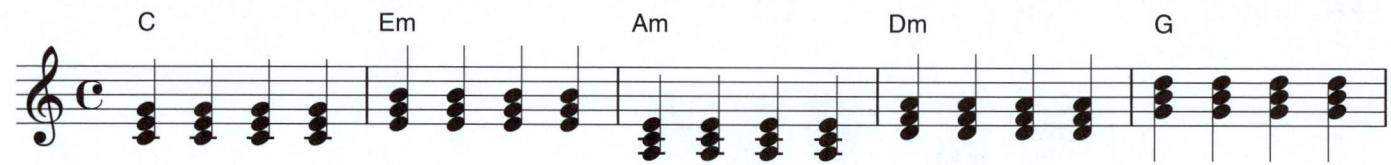

• 3화음에 7음을 포함시켜서 연주한 세븐스 코드들

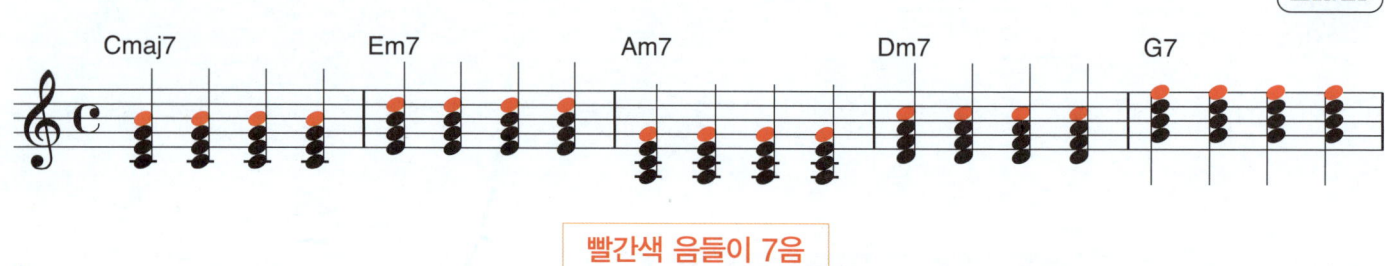

빨간색 음들이 7음

7음을 첨가한 세븐스 코드 진행입니다. 위의 3화음 진행과 비교해서 들으면 그 차이를 확실히 알 수 있습니다. 보다 풍성해진 화성을 느낄 수 있습니다.

조(Key)를 바꾸어서 다양한 키에서 세븐스 코드를 연습해 봅시다.

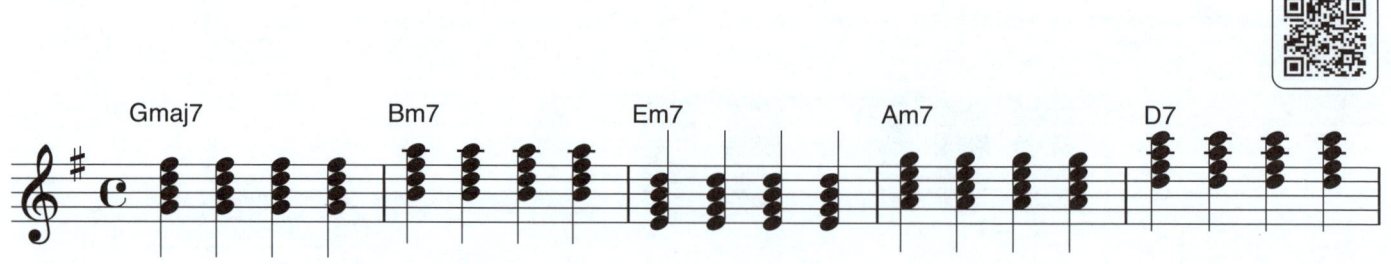

가장 위에 있는 음들이 7음입니다. 역시 화성이 풍성해졌습니다. 7음은 주로 오른손 새끼손가락이나 왼손 엄지로 연주합니다.

Amazing Grace

Traditional

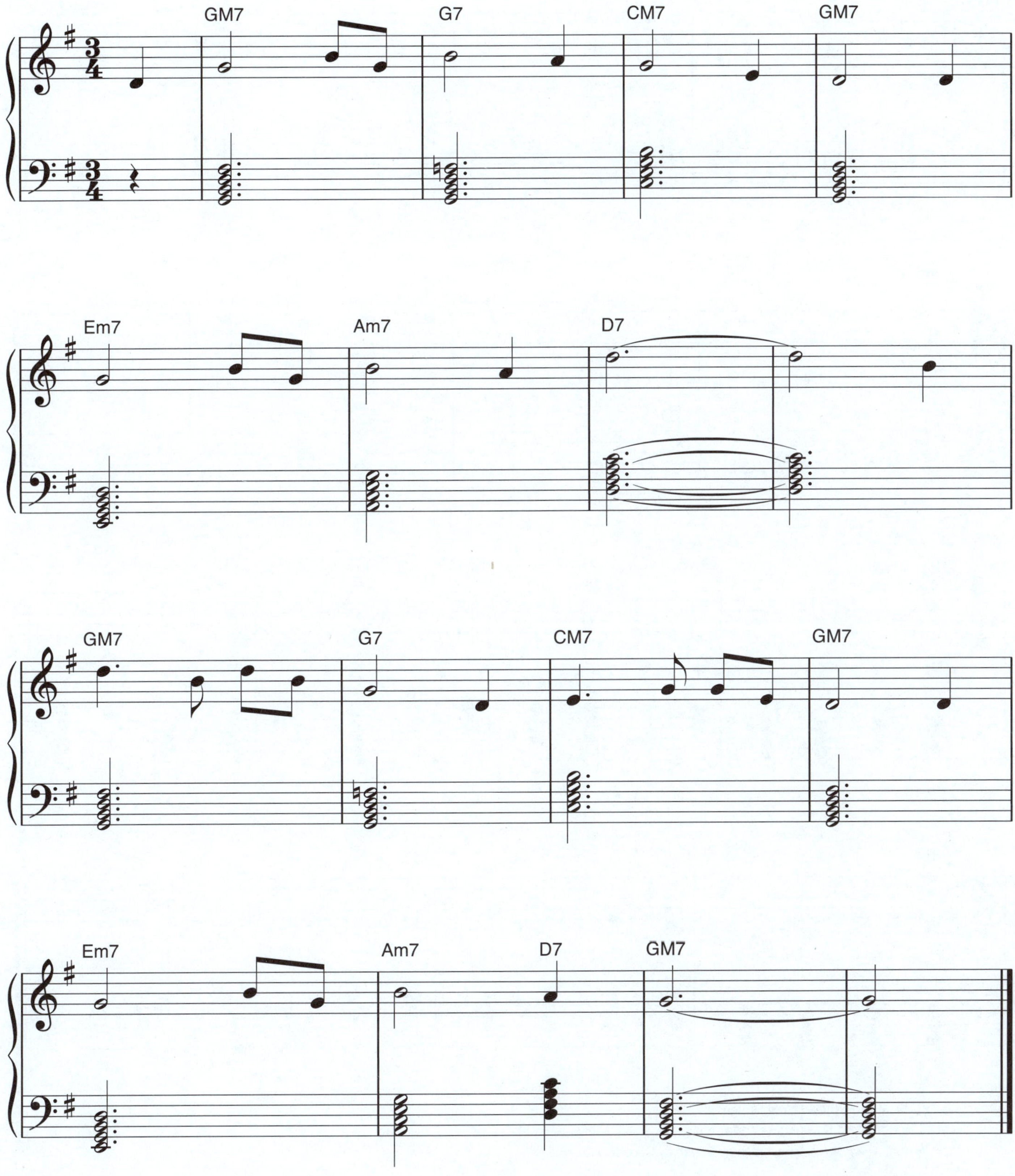

실전곡 연습 예수 사랑해요 (Alleluia)

▶▶ 오른손은 멜로디를, 왼손은 코드를 연주합니다. 7음은 주로 왼손 엄지로 연주하며 7화음의 화성을 느끼면서 연주합시다.

Jude Del Hierro

예 – 수 사 랑 해 요 나 주 앞 에 엎 드 려

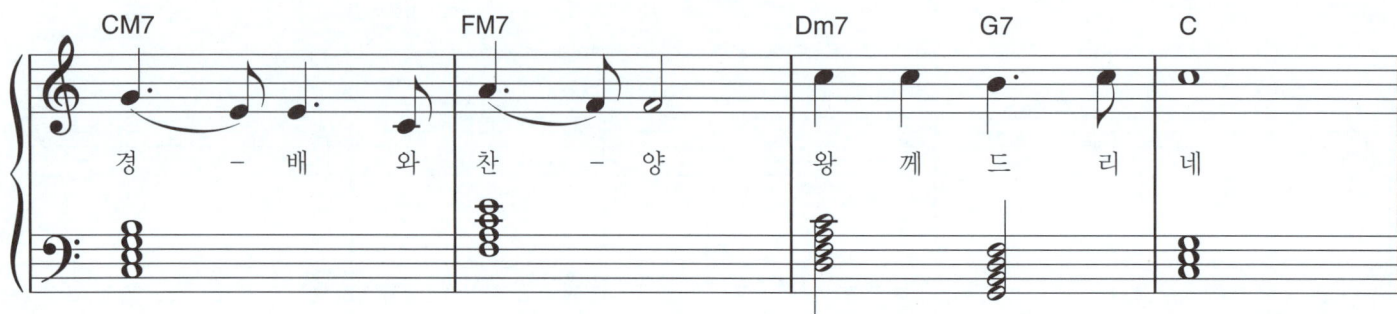

경 – 배 와 찬 – 양 왕 께 드 리 네

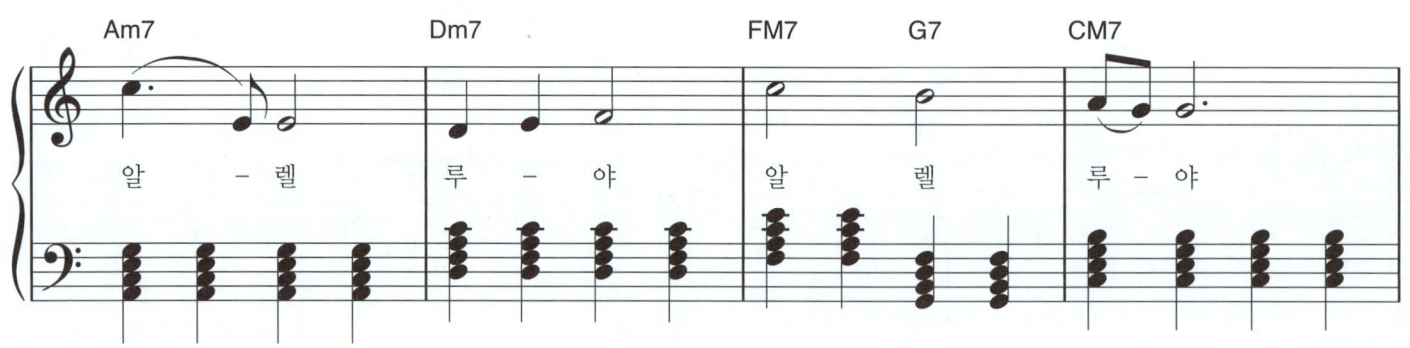

알 – 렐 루 – 야 알 렐 루 – 야

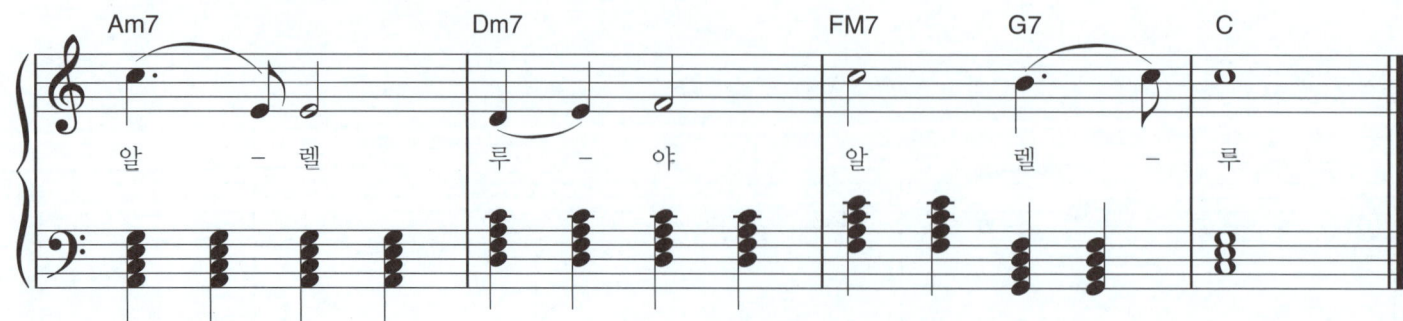

알 – 렐 루 – 야 알 렐 – 루

실전곡 연습 나의 주 다스리시네 (Reign in Me)

▶▶ 셋째 단 D#dim7 코드는 디미니시 코드인데 D7에서 루트를 반음 올리면 쉽게 연주할 수 있습니다. 이렇게 한 마디에 4분음표 4개를 연주하면 쉽게 반주할 수 있고 안정감을 느낄 수 있습니다.

Chris Bowater

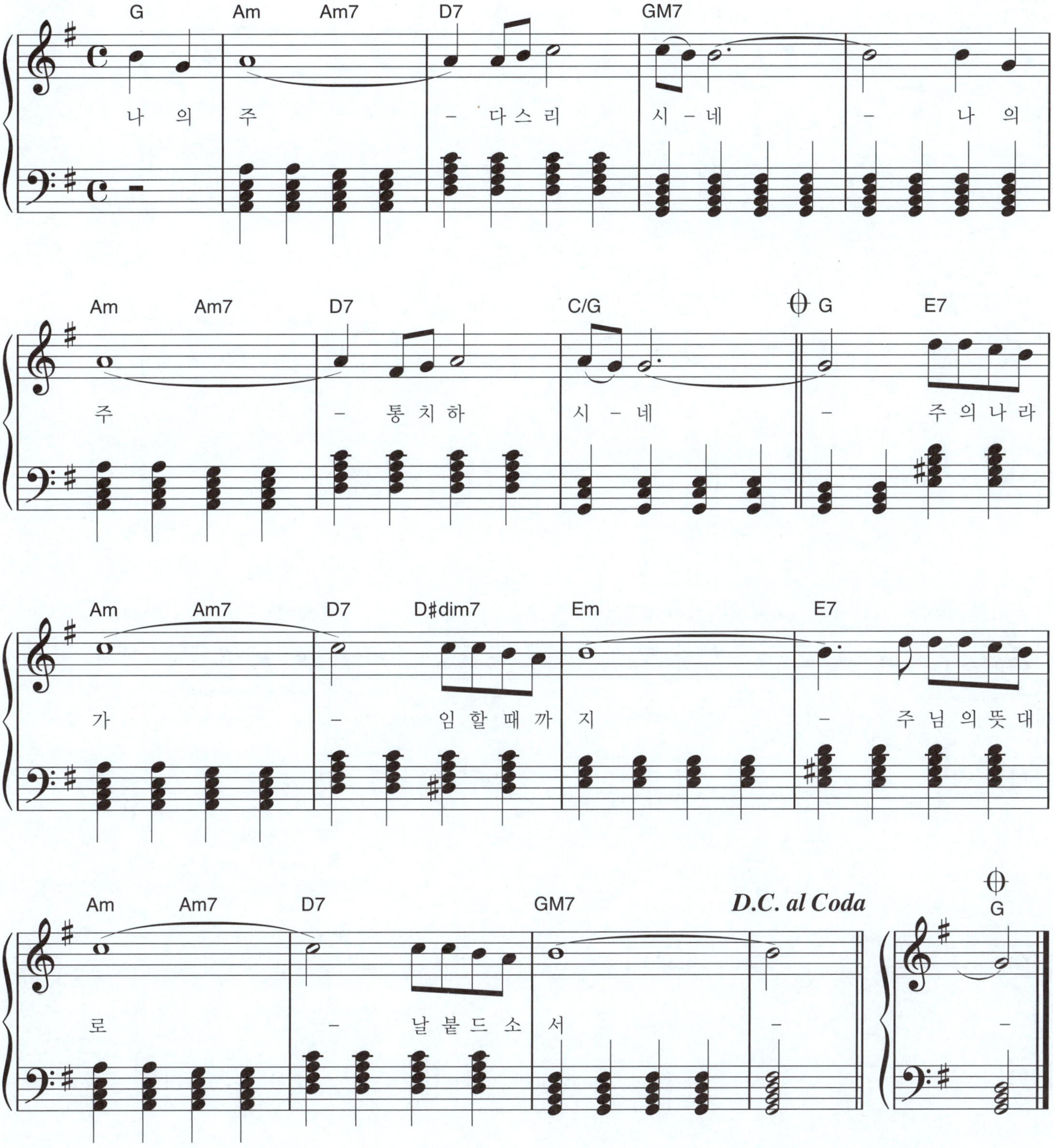

(악보)

나의 주 - 다스리 시 - 네 - 나의
주 - 통치하 시 - 네 - 주의나라
가 - 임할때까 지 - 주님의뜻대
로 - 날붙드소 서 -

D.C. al Coda

실전곡 연습 우리는 주의 백성이오니 (We Are Your People)

▶▶ 세븐 코드를 사용하여 연주한 곡입니다. 중간중간 디미니시 코드와 자리바꿈 코드가 있지만 크게 신경 쓰지 말고 세
  븐스 코드를 확실히 익히는데 집중합시다. 악보를 보고 연주하는데 집중하기 보다는 코드를 보고 세븐스 코드를 확
  실히 연주할 수 있도록 연습합시다.

David Fellingham

O.T. : We Are Your People / O.W. : David Fellingham
O.P. : Thankyou Music Ltd / S.P. : Universal Music Publishing Korea, CAIOS
Adm. : Capitol CMG Publishing / All rights reserved. Used by permission.

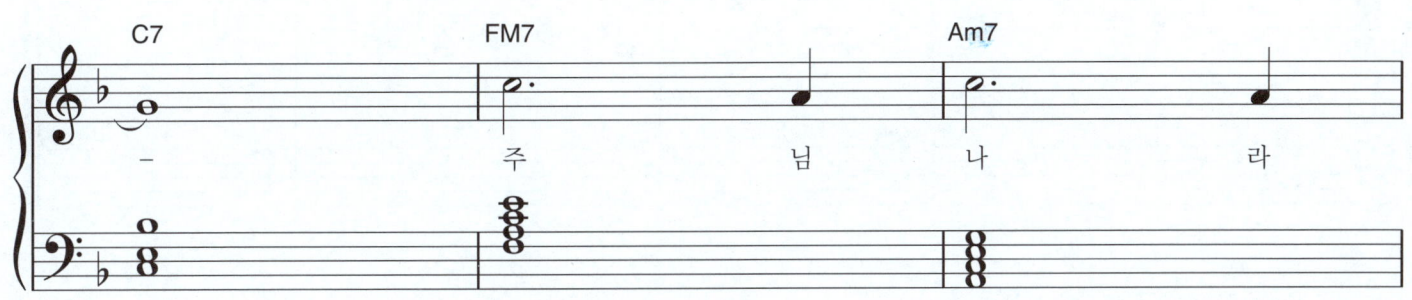

실전곡 연습 항상 진실케 (Chang My Heart, O GOD)

▶▶ 기본적인 7화음 위에서 멜로디 위주로 연주했습니다. 메이저 세븐(M7)이 오묘한 느낌을 주고 있습니다. 왼손은 기본적인 화음을 눌러주고 있는데 같은 멜로디라도 7화음 위에서 들으면 화성적으로 더 풍성해진 것을 알 수 있습니다.

Eddie Espinosa

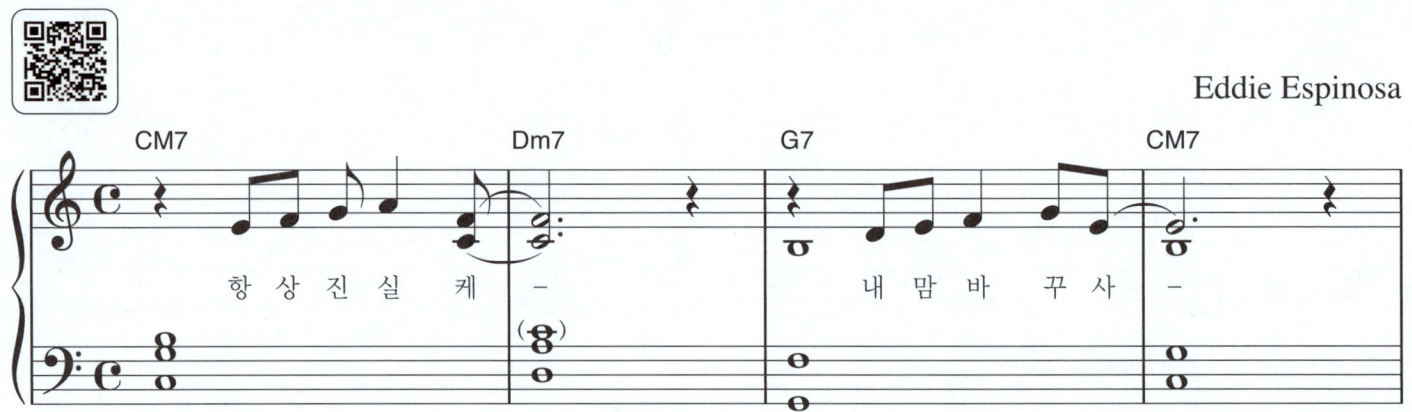

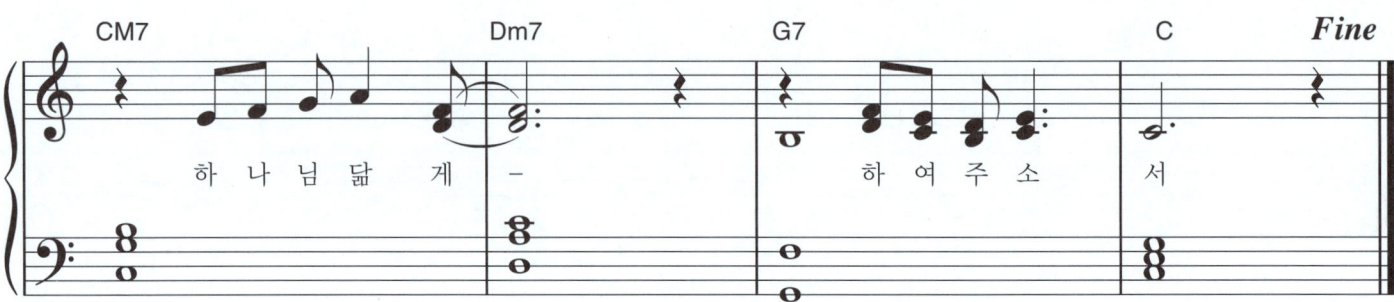

실전곡 연습 목마른 사슴 (As the Deer)

▶▶ C키로 연주한 '목마른 사슴' 입니다. 3화음에서 벗어나서 7음을 넣어서 연주하였기 때문에 보다 풍성하게 들립니다. C코드는 CM7으로, F는 FM7으로, Am코드는 Am7으로 바꿔서 연주하였습니다. 물론 멜로디와 반음으로 겹치면 단순하게 3화음으로 연주하였습니다. 이렇게 코드를 바꿔서 치는 것도 하나의 편곡이라고 할 수 있습니다.

Martin Nystrom

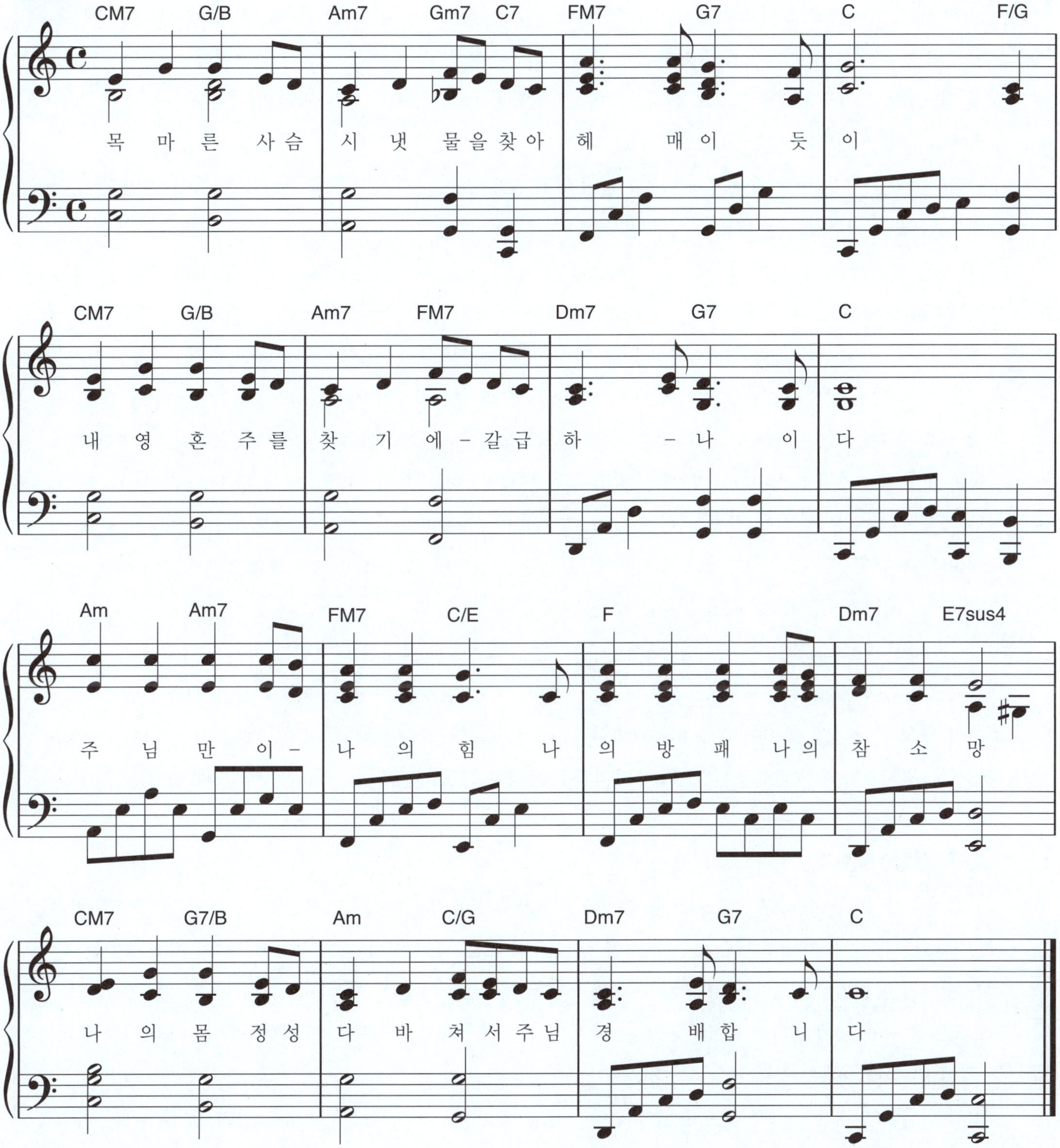

목 마른 사슴 시 냇 물을찾아 헤 매 이 듯 이

내 영 혼 주를 찾 기 에 – 갈급 하 – 나 이 다

주 님 만 이 – 나 의 힘 나 의 방 패 나의 참 소 망

나 의 몸 정 성 다 바 쳐 서주님 경 배 합 니 다

도대체 애드립을 어떻게 넣어야 할까요?

교회에서 반주자들을 살펴보면 각각 다른 연주 스타일이 있는 것을 알 수 있습니다. 그 중에서도 예쁘게 애드립을 넣는 사람들이 있는데, 연주하는 것을 보면 따라 하고 싶고, 특별한 방법이 있는지 궁금해집니다. 어떻게 애드립을 넣느냐고 물어보기도 하지만, 돌아온 대답은 '그냥 한다!' 라는 말 뿐입니다.

도대체 어떻게 하면 애드립을 잘 할 수 있을까요?

아쉽게도 애드립을 넣는 데에는 특별한 공식이 있지 않습니다. 하지만 애드립을 넣을 때 몇 가지만 지켜준다면 분명 좋은 애드립을 할 수 있습니다.

1. 빈 공간에 넣는다.

반주자의 가장 큰 임무는 보컬을 돕는 것입니다. 보컬과 피아노 반주가 겹쳐져서 동시에 연주하면 듣는 사람 쪽에서는 지저분하게 들릴 뿐입니다. 반주는 피아노를 얼마나 잘 치는지 보여주는 것이 아닙니다. 오히려 피아노를 잘 치는 사람은 보컬이 제대로 소리낼 수 있도록 배려해주고, 보컬을 높여주는 반주자입니다.

물론 피아노 연주자도 드러나야 할 때가 있습니다. 보컬이 멜로디를 길게 끌고 있거나 다음 부분을 준비하기 위해서 쉬고 있는 부분에서는 주저하지 말고 애드립이 나와야 합니다. 보컬과 엇갈려서 나오면 마치 보컬과 피아노가 듀엣으로 곡을 연주하는 느낌을 줄 수 있는 것입니다. 보컬을 방해하지 않으면서도 단순한 반주자가 아닌 동등한 연주자로서 곡을 연주할 수 있는 것입니다.

만약, 피아노와 보컬이 아닌, 기타와 색소폰 등의 다른 악기들과 합주를 한다면 상황은 달라집니다.

피아노만 있을 때에는 빈 공간에서 피아노가 나오면 되지만, 합주를 하면 누가 그 부분을 채울 것인지 사전 조율이 되어야 합니다. 보컬이 쉬고 있는 부분에서 기타와 피아노가 경쟁하듯이 애드립을 넣는다면 청중 입장에서는 지저분하게 들릴 뿐입니다. 다른 악기와도 협의를 해서 빈 공간에 애드립을 넣도록 합시다.

2. 복잡하지 않다.

쉬고 있는 부분을 피아노가 애드립으로 연주하는 것은 좋지만 도대체 무엇을 연주하는지 모를 때가 있습니다. 기다렸다는 듯이 기관총 처럼 쏟아내는 애드립은 좋은 애드립이 아닙니다. 자신의 연주실력을 뽐내는 자리가 아니기 때문입니다. 분위기와 상황에 맞게 적당한 애드립을 넣는 것이 중요합니다.

애드립은 귀에 쉽게 들리고, 복잡하지 않아야 합니다. 1-2개의 음만 넣어도 충분합니다. 여백의 미를 살리는 것이 더 어려운 일이며 더 가치있는 것입니다.

라인 연습을 미리 해두고서 벼르고 있다가 쏟아내는 애드립이 아닌, 심플하면서도 귀에 잘 들어오는 라인을 만들 수 있다면 그것이 정말 좋은 애드립일 것입니다.

3. 음악을 카피(Copy)한다.

애드립 실력을 늘릴 수 있는 가장 좋은 방법은 음악을 직접 카피하는 것입니다. 다른 음반에서 어떻게 연주했는지 들어보고 똑같이 쳐보는 것입니다. 일단 CCM 앨범 중에서 자기가 좋아하는 연주를 고릅니다. 자신이 좋아하는 음악, 자신이 연주해보고 싶은 음악을 고르는 것이 중요합니다. 그리고 음악을 들으면서 중간중간에 채워지는 애드립 라인을 들어봅시다. 피아노 선율일 수도 있고 브라스 라인일 수도 있습니다. 때로는 스트링으로 채워지는 대선율일 수도 있고 기타나 그 외의 악기일 수도 있습니다. 그 음악을 들으면서 피아노 앞에 앉아서 따라서 쳐보는 것입니다. 물론 처음부터 어려운 라인을 카피하려고 하지 말고, 정말 쉬운 라인을 카피하는 것입니다. 귀에 쏙쏙 들어오는 애드립 라인은 카피하기도 쉽습니다. 어려운 부분은 넘어가도 좋습니다. 반복해서 음악을 들으면서 피아노 건반을 하나하나 눌러가면서 채보해도 좋습니다.

카피해서 애드립을 연주할 수 있게 되었다면 악보로 만드는 것이 중요합니다. 오선지를 구입해서 자신의 카피노트를 만든다면 나중에 큰 자산이 될 것이고, 악보를 그리는 능력과 보는 능력도 향상됩니다. 악보로 남겨놓아야지 온전히 자신의 연주 실력이 된다는 것을 잊지 마세요. 악보가 완성되었다면 음악을 틀어놓고서 만들어진 악보와 함께 연습하세요. QR에서 연주되는 악기의 느낌과 뉘앙스까지 카피할 수 있도록 똑같이 치는 연습을 하세요. 연주를 계속하다보면 언젠가는 음반의 연주에 버금가는 연주를 할 수 있습니다. 이런 작업을 거치고 난 후에는 애드립을 넣는 것에 더욱 자신감을 가질 수 있습니다.

4. 이론을 바탕으로 새롭게 만드는 연습을 한다.

이 책에서 배우는 여러 가지 이론들을 바탕으로 더욱 발전시킬 수 있습니다.

예를 들어, 'sus4 코드가 나올 때, 오른손으로 한음 아래 있는 코드를 친다'는 공식이 있습니다.

D7sus4가 나올 때 오른손은 C를 잡는 것입니다. 그런데 C코드를 잡을 때, 자리바꿈 형태만 이용하는 것이 아니라, 셋잇단음표로 애드립 라인을 만들 수도 있고, C코드와 D코드를 번갈아 가면서 사용하면서 애드립을 만들 수도 있습니다. C코드를 올라가면서 만들 수 도 있고, 내려가면서 만들 수도 있고, 올라갔다 내려갔다는 반복하면서 라인을 만들 수 도 있습니다. 그 방법은 너무나도 많습니다. 창의력을 이용하여서 애드립을 만드는 방법을 연구하는 것입니다. '도미넌트 코드에는 ♭9텐션을 이용할 수 있다'라는 것을 배웠으면 애드립에 ♭9을 의도적으로 넣어서 라인을 만드는 것입니다. 만약 ♭9텐션을 넣어서 애드립 라인이 아름답지 않으면 그 방식을 바꾸거나, 다른 텐션을 넣어서 만들어 보는 것입니다. 곡의 한 부분을 중심으로 이렇게 애드립을 해보고, 저렇게 애드립을 넣어보면 애드립을 들을 수 있는 귀가 생깁니다. 계속 만들다가 좋은 애드립이 생긴다면 노트에 적어놓고서 자신만의 애드립으로 만드는 것입니다.

재즈 연주자들은 개성이 강하기 때문에 자신만의 연주법이 있어서 음원만 들어도 그것이 누구의 연주인지 구분할 수 있습니다. 반주는 재즈 연주와 비슷하기 때문에 어떤 반주를 들으면 누구의 반주인지 알 수 있습니다. 자신의 스타일을 쉽게 나타낼 수 있는 부분이 바로 애드립입니다. 자신만의 스타일을 계발하고 발전시키는 것은 반주자들의 몫입니다.

반주를 하면 뭔가 허전하고, 단순한 반주가 되어버리는 것이 대부분인데,

음 한 개만 제대로 넣을 수 있다면 훨씬 멋진 반주를 만들 수 있습니다.

비결은 바로 텐션 나인(9)입니다. 루트에서 두 번째 음을

둘째 손가락을 치면 완성입니다. 팝음악에서 많이 쓰는 음으로

CCM도 팝음악과 비슷하기 때문에, 텐션 나인을 쓰면

느낌 좋은 반주가 됩니다.

코드를
부드럽게 하려면?
04

4 코드를 부드럽게 하려면?

텐션 9을 사용하면 부드럽다

흔히 알고 있는 C코드는 '도 미 솔'로 구성되어있지만 그 외에도 칠 수 있는 음들은 여러 가지가 있습니다. 그 음들을 텐션이라고 합니다. 보통 텐션은 화음을 아름답고 풍성하게 합니다. 이 텐션들을 잘 사용할 수 있다면 반주하는데 큰 도움이 됩니다. 텐션 중에서 가장 손쉽게 사용할 수 있고 소리가 좋은 것이 텐션 나인(9)입니다. 메이저와 마이너, 도미넌트 코드 모두에 사용할 수 있고 찾기도 쉽고 연주하기도 쉽습니다. 텐션 나인만 잘 사용하면 소리가 다른 반주를 할 수 있습니다.

• 텐션 나인은 스케일의 9번째 있는 음

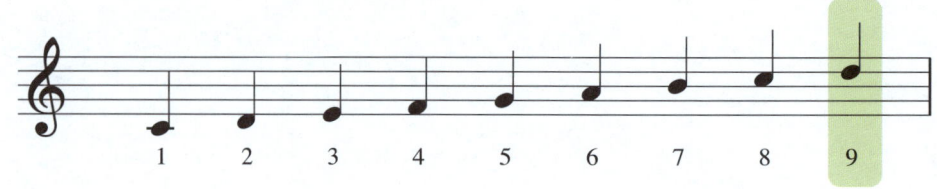

C 메이저 스케일의 9번째 있는 D(레) 음이 텐션 나인 음입니다. 음정으로 따지면 장9도 위의 음이지만 옥타브를 낮춰서 생각하면 장2도 위의 음, 즉, 베이스에서 한음 위에 있는 음입니다.

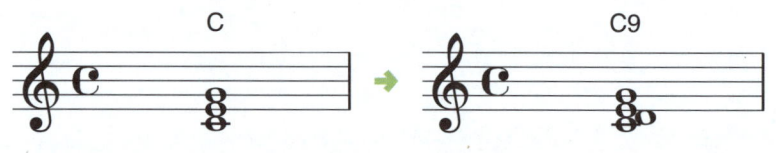

루트의 한음 위의 음을 첨가!

A 키의 텐션 9

A 음에서 한음 위의 음 B(시)가 텐션 나인입니다.

44

마이너 코드도 텐션 9과 잘 어울립니다. 스케일의 2번째(9번째)음을 첨가한다는 원칙은 마이너 코드에서도 그대로 적용됩니다.

2번째 음인 D(레)를 첨가하여 Cm9이 되었음.

도미넌트 세븐 코드에도 텐션 나인은 잘 어울립니다.

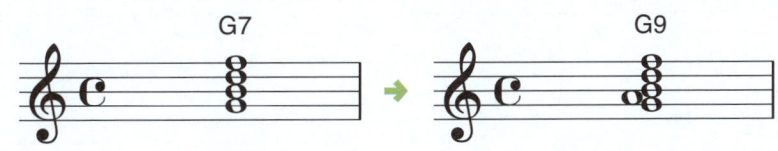

텐션 나인은 거의 모든 팝음악에서 쓰일 정도로 흔한 텐션입니다. 이제는 텐션 나인을 쓰지 않으면 어색할 정도입니다. 그렇게 때문에 이제 악보에 단순하게 C, Am, G7이 나온다 하더라도 C2, Am9, G9으로 바꿔서 연주하면 훨씬 듣기 좋은 화성이 됩니다.

텐션 나인은 스케일의 9번째 있는 음이지만 두 번째 있는 음과 옥타브만 다를 뿐, 음은 같습니다. 2번째 있는 음이기 때문에 9라는 숫자 보다 2라는 숫자를 사용해서 C2, A2 라고 표시하거나 Cadd2, Aadd2라고 표시하기도 합니다.

7번째 음이 포함되어있느냐의 여부로 9와 2가 구분되지만 보통 A2, C2 처럼 2를 사용해서 표기해도 크게 틀린 것은 아닙니다.

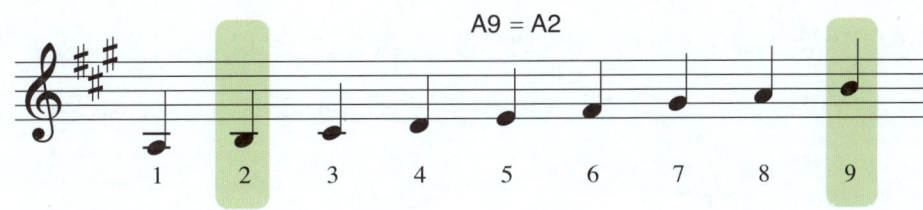

• 기본적인 코드진행

기본적인 C키 코드진행입니다. 소리가 깔끔하게 들리는 장점이 있지만 단순하게 들리기도 합니다. 이 코드진행에 루트에서 장2도 위에 있는 텐션 나인(⑨) 음을 넣으면 소리가 보다 풍성해집니다.

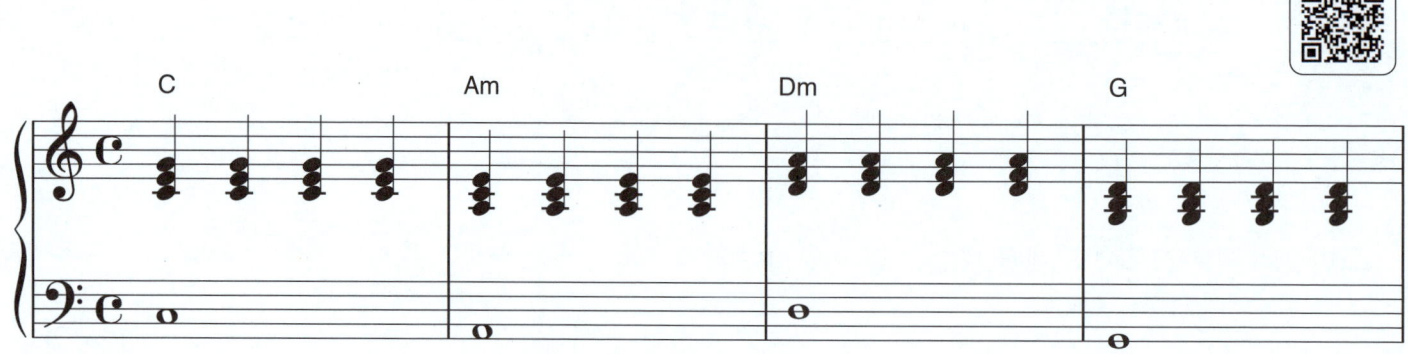

• 텐션 나인이 들어간 코드진행

C키가 아닌 다른 키에서도 활용할 수 있어야 합니다. 원칙은 간단합니다. 코드의 기본형에서 집게손가락을 사용하여서 루트(베이스)의 한음 옆 음을 누르면 되는 것입니다.

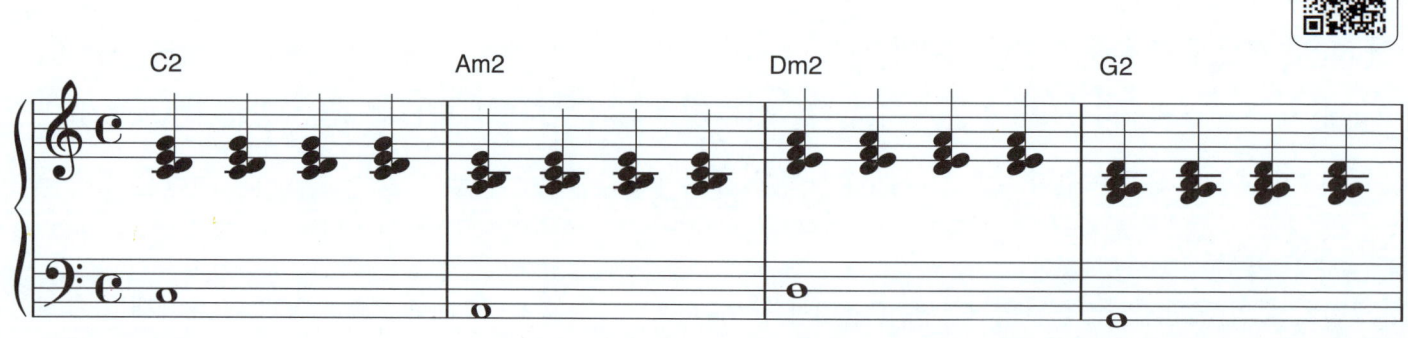

• 텐션 나인이 들어간 G코드 진행

오른손에 텐션 나인을 넣었고 왼손은 기본적인 리듬을 연주하고 있습니다. 이런 식으로 집게손가락을 사용하여서 텐션 나인을 넣으면 단순한 3화음으로 연주했을 때보다 소리가 풍성해집니다.

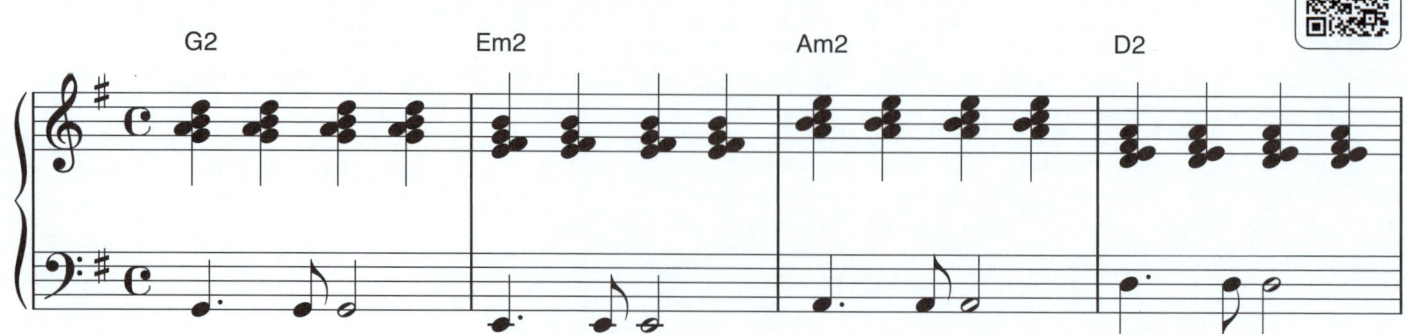

실전적용!!

CCM 반주를 하면 보통 플랫 계열보다 샵 계열의 곡이 많습니다. CCM 반주에서는 통기타가 많이 사용되는데 통기타 같은 현악기는 샵 계열의 곡을 연주하기 쉽기 때문입니다. 하지만 피아노 연주자들은 플랫에 익숙해져 있기 때문에 샵이 많은 곡을 부담스러워합니다. 요즘 CCM 곡들은 플랫 계열도 많고 이조(Transpose)를 많이 하기 때문에 샵과 플랫에 모두 익숙한 반주자가 되어야 합니다.

• 텐션 나인이 들어간 B♭ 코드 진행

• 텐션 나인이 들어간 E♭ 코드 진행

• 텐션 나인이 들어간 A♭ 코드 진행

실전곡 연습 찬양하라 내 영혼아

▶▶ 이 곡에서 사용된 G2, C2 등의 코드는 원래 G, C처럼 단순한 3화음이었지만 텐션 나인을 사용해서 더욱 풍성한 반주가 되었습니다. 세 번째 마디에서는 4개의 음을 치면 지저분하게 들릴 수 있기 때문에 오른손에서 루트를 삭제하고 코드를 누르기도 했습니다.

Margaret Evans

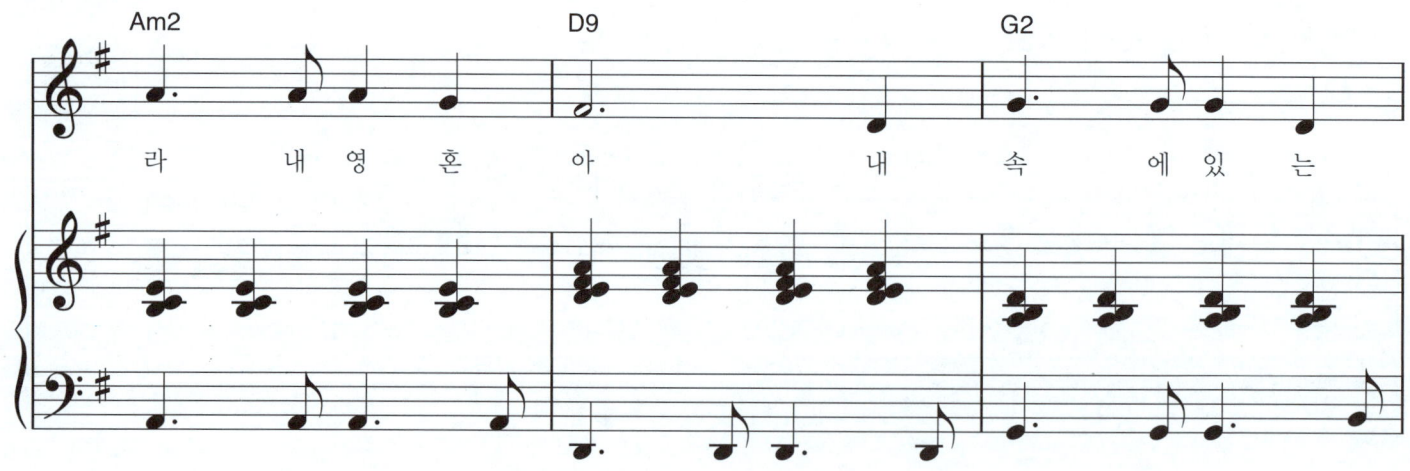

O.T. : King of Kings Bless The Lord O My Soul / O.W. : Margaret Evans
O.P. : Thankyou Music Ltd / S.P. :Universal Music Publishing Korea, CAIOS
Adm. : Capitol CMG Publishing / All rights reserved. Used by permission.

실전곡 연습 형제의 모습 속에

▶▶ F, C, Gm 등의 코드를 텐션 나인을 넣어 F2, C2, Gm2 등의 코드로 만들어서 부드러워지고 풍성해졌습니다. Am 코드는 F키에서 3도 위에 있는 코드로 텐션 나인과는 잘 어울리지 않습니다. Am의 텐션 나인 음은 'B' 음으로 F키에서는 B에 플랫이 붙기 때문에 반음으로 부딪혀서 오히려 지저분해집니다. 3도에 있는 코드에는 텐션 나인을 쓸 수 없다는 것을 유의하세요.

박정관

형제의 모습 속에 보 이 는 하 나 님 형 상 아 름 다 와—
우 리 의 모 임 중 에 임 하 신 하 나 님 형 상 아 름 다 와—

존 귀 한 주 의 자 녀 됐 으 니 사 랑 하 며 섬 기 리
존 귀 한 왕 이 여 기 계 시 니 사 랑 하 며 섬 기 리

십자가의 길 순교자의 삶
(The Way Of The Cross The Life Of Martyr)

실전곡 연습

▶▶ 화음 뿐만 아니라 왼손 아르페지오에도 텐션 나인을 사용했습니다. A2의 텐션 나인은 한 음 위의 음인 시(B)입니다.
지나가면서 사용하고 있습니다.

Stephen Hah

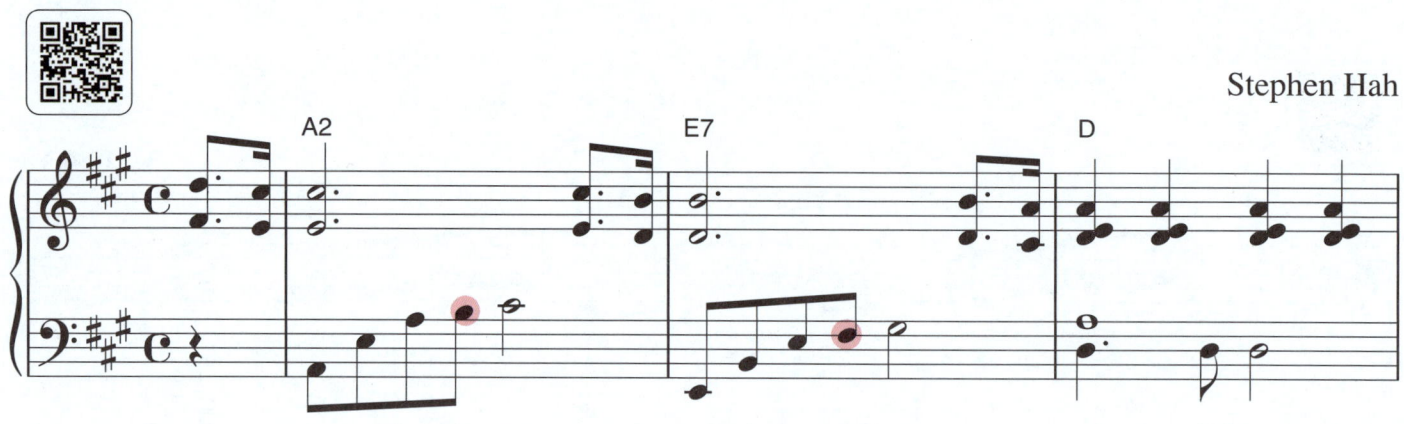

내 마음에 주를 향한 사랑이 –
내 입술에 찬 – 양의 향기가 –

나의 말엔 주가 주신 진리로 –
두 손에는 주를 향한 섬김이 –

나의 눈에 주의 눈물
나의 삶에 주의 흔적

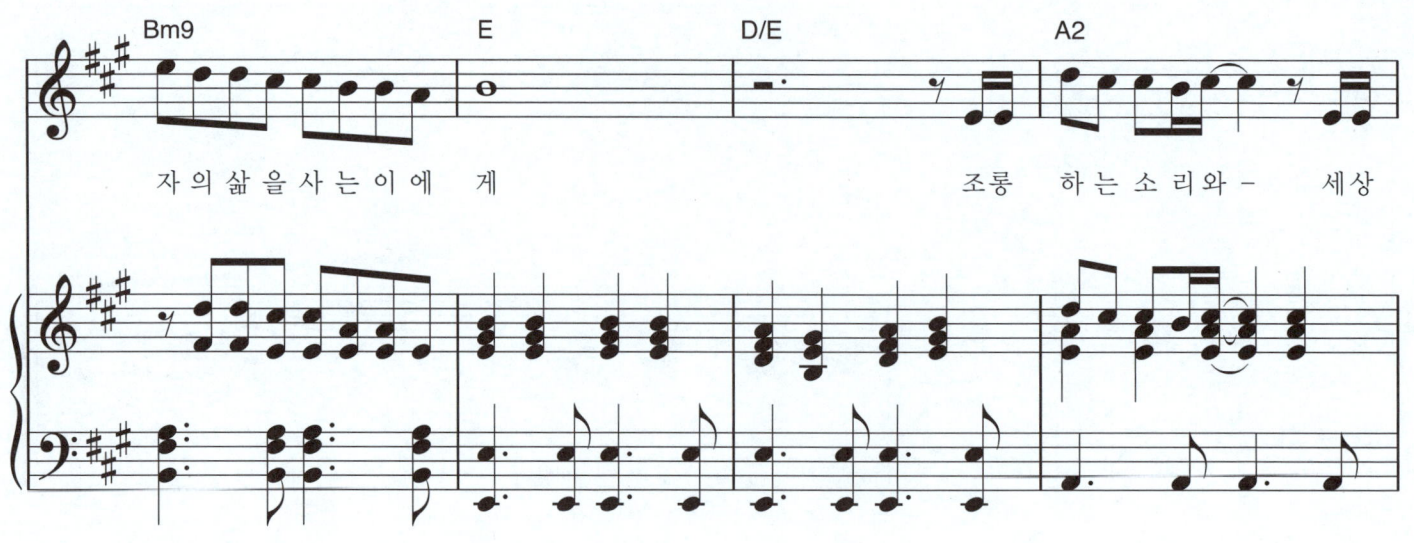

자의 삶을 사는 이에 게   조롱 하는 소리와 - 세상

유혹 속에도 - 주의 순결한 신부가 되 리 라   내 생

명   주 님 께   드 리 리

실전곡 연습 우리 모일 때 주 성령 임하리 (As We Gather)

▶▶ 텐션 나인을 첨가하고 기본적인 화음만 누른 경우입니다. 텐션 나인이 들어가면 풍성해지기 때문에 음을 많이 누를 필요가 없습니다. 꼭 필요한 소리를 채우는 것, 그것이 반주자가 할 일입니다.

Mike Fay / Tommy Coomes

우리모일때－주 성령임－하리 우리모일때－주

이름높이리 우리마음모－아 주를경배할때

주님축복하－시리－－ 주님축복하－시리

O.T. : As We Gather / O.W. : Michael Fay, Thomas W. Coomes
O.P. : Cccm Music, Universal Music - Brentwood Benson Publ. / S.P. : Universal Music Publishing Korea, CAIOS
Adm. : Capitol CMG Publishing / All rights reserved. Used by permission.

서스포 코드(sus4)는 코드의 3음이 4음으로 변한 코드입니다.

3음이 4음에 걸쳐있다가 다시 3음이 되는 것이 일반적이어서

걸쳐있다는 의미의 'Suspend'의 약자를 사용합니다.

서스포 코드는 왼손은 루트를 누르고 있고 오른손으로 코드의

한음 아래를 누르면 쉽게 연주할 수 있습니다.

예를 들어 G7sus4 코드면 오른손으로 F코드,

왼손으로 G음을 누르면 됩니다. 서스포 코드를 보는 순간

오른손은 한음 아래의 코드를 생각하는 습관을 들이면

서스포 코드를 멋있게 연주할 수 있습니다.

sus4화음을
예쁘게 치는 법

05

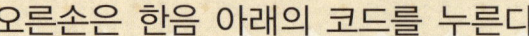

5 sus4화음을 예쁘게 치는 법
오른손은 한음 아래의 코드를 누른다

혹시 맥가이버 주제곡을 아시나요? '빠빠빠빠빠빠빠빠빠빠 빰~'으로 시작되는 그 곡의 첫 부분이 바로 sus4 화음의 느낌입니다. 3도음이 4도로 머물렀다가 3도로 해결되는 화음입니다.

sus4코드를 만들기 위해서는 코드의 3음을 빨리 찾아서 4음으로 만들어주어야 하는데 실제로는 바로 연주하기가 쉽지 않습니다. 하지만 '오른손으로 한음 아래의 코드를 누른다'를 이용하면 훨씬 쉽게 연주할 수 있습니다.

• G7sus4 ➝ F/G

오른손은 F코드

왼손은 G음

G의 나인 텐션음

왼쪽 악보는 평범하게 잡은 G7sus4화음입니다. 오른쪽 악보는 치는 순서만 바꾼 것인데 오른손을 살펴보면 F코드임을 알 수 있습니다. 별로 중요하지 않은 5음(레)를 빼고 누르는 음들의 순서를 바꿔서 보이싱을 예쁘게 한 것입니다. G7의 한음 아래의 코드는 F입니다. 이제 G7sus4 코드를 보는 순간 '오른손은 F를 쳐야겠구나!' 얼른 생각해야겠죠?

그러면 A7sus4가 나왔을 때는? 오른손이 한음 아래의 코드를 치면 되니까 왼손은 A, 오른손은 G겠죠? E♭7sus4 코드가 나왔다면 오른손은 역시 한음 아래인 D♭ 코드를 누르면 됩니다. 아래에 표로 모든 키를 정리해봤습니다.

G7sus4 ➝ F/G		E♭7sus4 ➝ D♭/E♭		B7sus4 ➝ A/B	
C7sus4 ➝ B♭/C		A♭7sus4 ➝ G♭/A♭		E7sus4 ➝ D/E	
F7sus4 ➝ E♭/F		D♭7sus4 ➝ C♭/D♭		A7sus4 ➝ G/A	
B♭7sus4 ➝ A♭/B♭		F#7sus4 ➝ E/F#		D7sus4 ➝ C/D	

sus4 코드가 나오면 왼손은 루트만 누르고 오른손은 루트에서 한음 아래의 코드를 누른다.

어쨌든 오른손은 F코드를 연주하면 되는 것이니까 오른손을 조금 더 응용해봅시다.

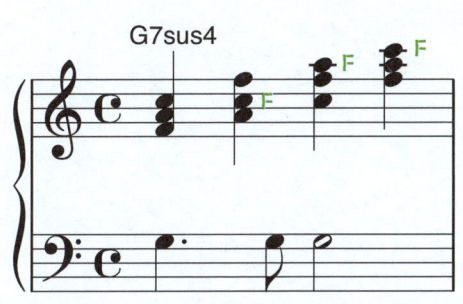

←‥ 오른손의 F코드를 자리바꿈하여 계속 올라가는 형식입니다.
분위기를 상승시킬 때 많이 사용됩니다. 악보 보다는 건반을 보면서 연
습하는 편이 더 쉽습니다.

←‥ 이번에는 오른손을 아르페지오로 풀었습니다.
아르페지오가 복잡하게 보이지만 실제로는 F코드
의 구성음인 '파,라,도'를 나열한 것뿐입니다.
고조되는 분위기에서 사용하면 효과적입니다.

←‥ 이번에는 오른손을 F와 G를 번갈아가면서 사용하는 패턴입니다.
오른손 건반을 잘 보면서 F와 G를 연주하세요. 단계적으로 올라가는
느낌이 있습니다.

←‥ 오른손을 F와 G의 아르페지오로 연주했습니다.
복잡해보이긴 해도 F와 G를 번갈아가며 연주하
는 것뿐입니다.

• sus4 코드 연주 예제

네 안 에 있는 주님 모 습 보네 그 분 기 뻐 하 시 - 네 -

'기대'의 후렴 바로 전 5마디입니다. G7sus4부분을 하나하나 적용하겠습니다.

• 기대 원본연주

틀린 연주는 아니지만 뭔가 단조롭습니다.

• 적용 ❶

오른손은 F코드의 자리바꿈 형태로 올라가서 분위기를 상승시킵니다.

• 적용 ❷

• 적용 ❸

F코드와 G코드를 번갈아가며 연주하며 분위기를 상승시킵니다.

• 적용 ❹

코드를 아르페지오로 펼쳤을 뿐입니다.

실전곡 연습 기대

▶▶ G7과 G7sus4 코드 부분을 F/G 형식으로 연주하고 있습니다. 중간중간 애드립을 넣는 부분이 있지만 무리하게 연주하여서 리듬이 흔들린다면 아예 치지 않는 것이 낫습니다. 리듬이 흔들리지 않도록 주의하세요. 서스포 느낌을 주기 위해 F코드를 사용했습니다.

천강수

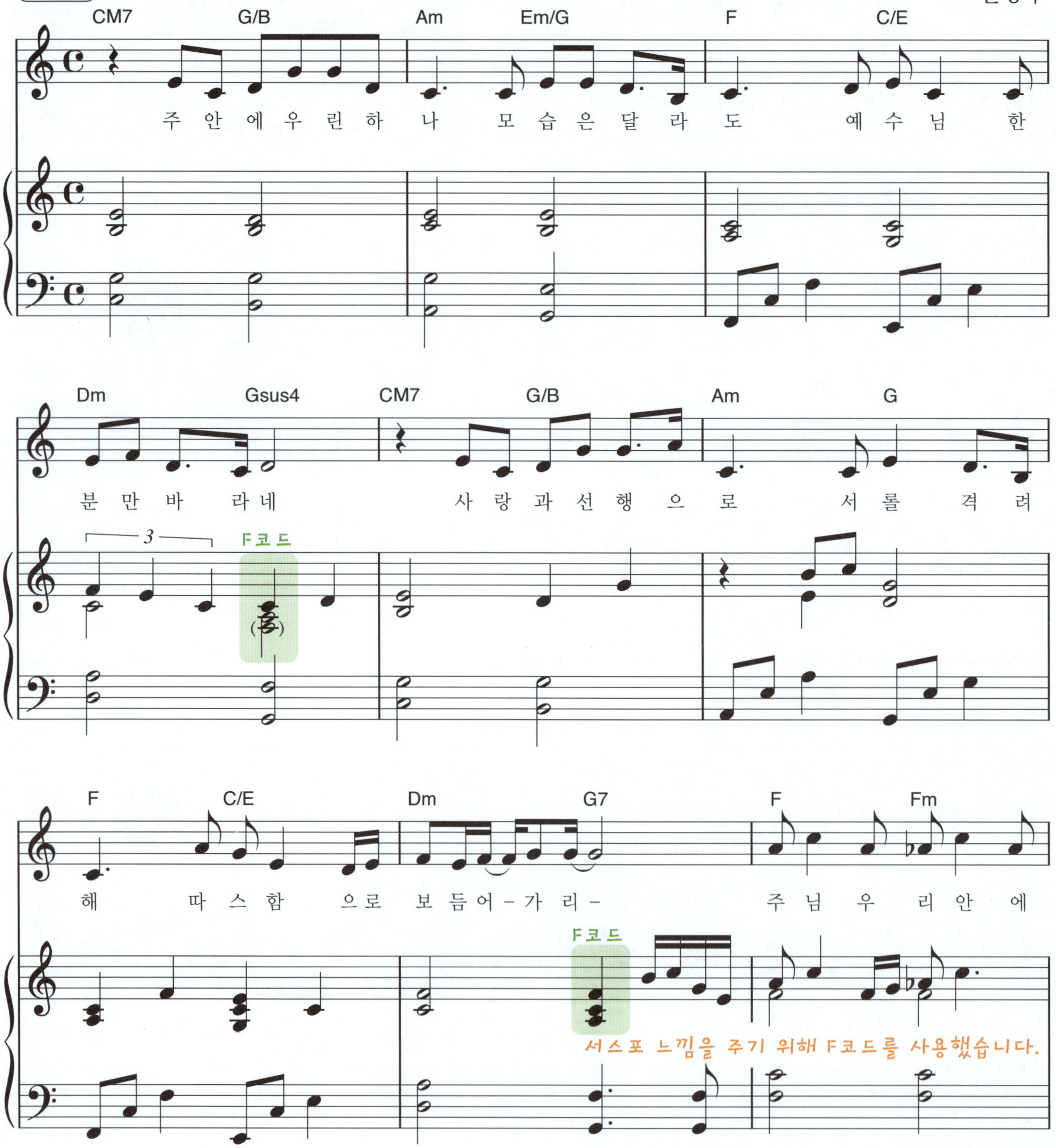

주 안에 우린 하 나 모습은 달 라 도 예 수 님 한

분 만 바 라 네 사 랑 과 선 행 으 로 서 로 격 려

F코드

해 따 스 함 으 로 보 듬 어 가 리 주 님 우 리 안 에

F코드

서스포 느낌을 주기 위해 F코드를 사용했습니다.

함 께 하 시 니 – 형 제 자 – 매 의 – 기 쁨 과 슬 – 픔 느 끼 네 –

네 안 에 있 는 주 님 모 습 보 네 그 분 기 뻐 하 시

네 주 님 우 릴 통 – 해

F 코 드 의 자 리 바 꿈 진 행   F 코 드 의 아 르 페 지 오

계획하-신일- 부족한-입술 로-찬양 하게하-신일-

주 님 우릴통-해 계획하-신일- 너 를통해하 실일기대

-해- 주 님 우릴통-해 계획하-신 일-

F코드의 자리바꿈 진행

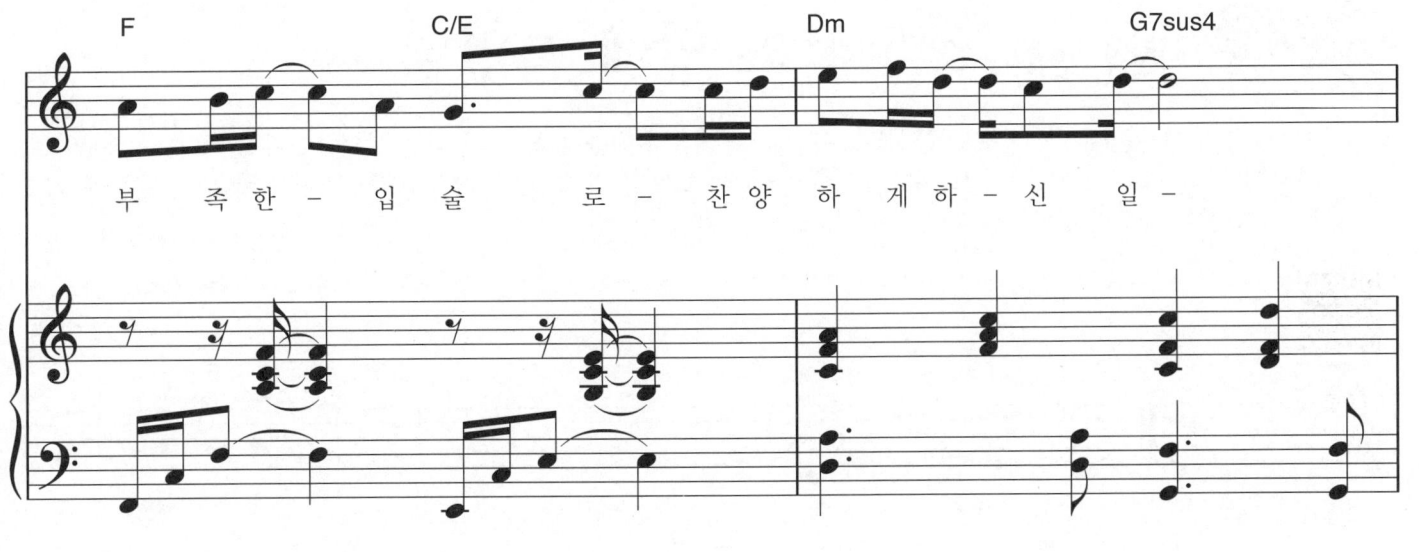

부 족한 - 입 술 로 - 찬 양 하 게 하 - 신 일 -

주 님 우 릴 통 - 해 계 획 하 - 신 일 - 너

를 통 해 하 실 일 기 대 - 해 -

실전곡 연습 우리 보좌 앞에 모였네

▶▶ A, D, E 등의 코드를 A2, D2, E9 등의 코드로 바꾸어서 연주했습니다. 주의 깊게 살펴보아야 할 곳은 E7sus4 코드 부분입니다. E7sus4 코드는 왼손에 E, 오른손에 D코드를 칠 수 있다고 배웠고, E코드도 칠 수 있기 때문에 D와 E코드가 번갈아 나오면서 아르페지오로 올라가고 있습니다.

고형원

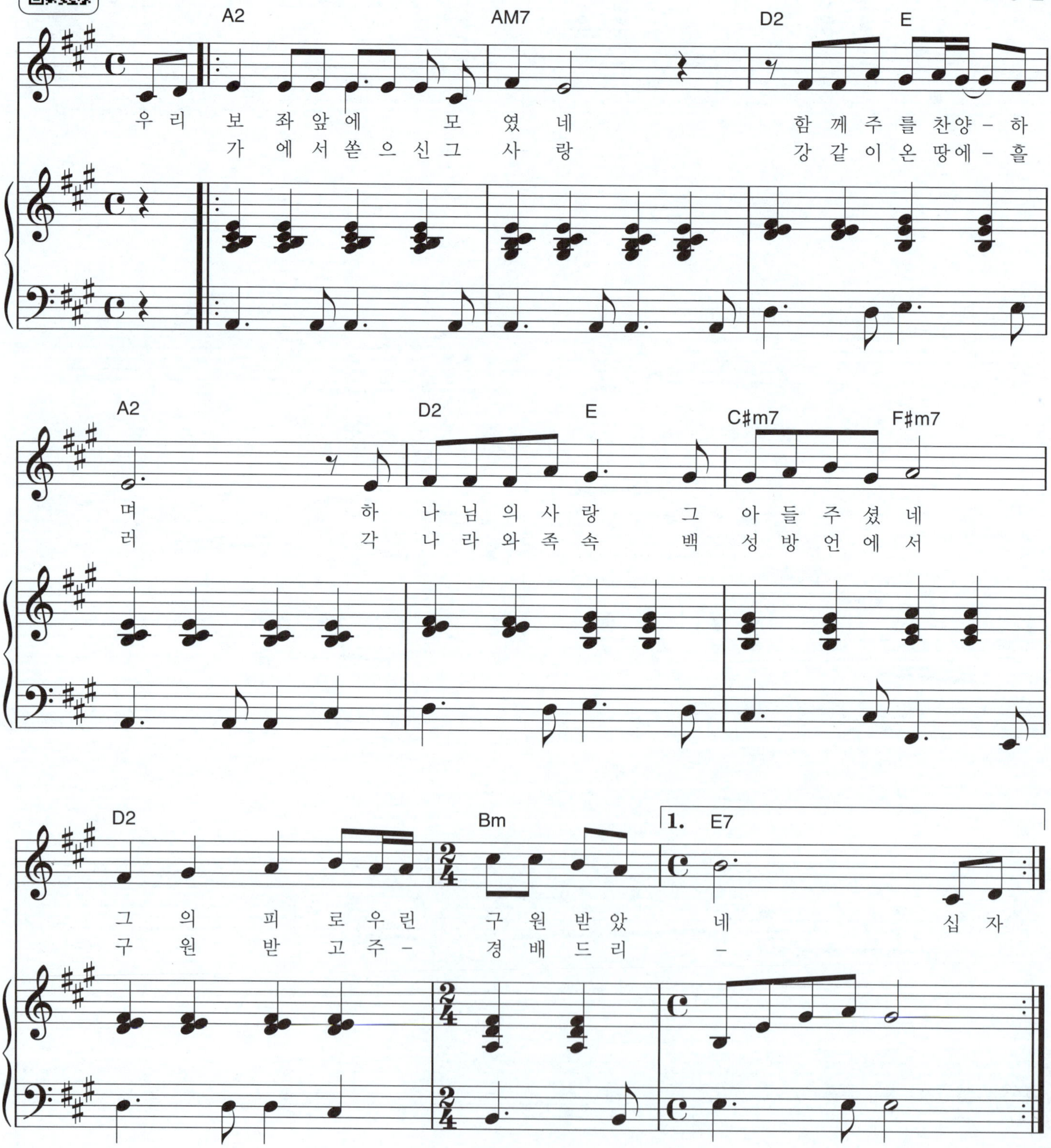

우리 보좌앞에 모 였 네　함 께 주 를 찬양 – 하
가 에서 쏟으신 그 사 랑　강 같이 온 땅에 – 흘

며　하 나 님 의 사 랑　그 아 들 주 셨 네
러　각 나 라 와 족 속　백 성 방 언 에 서

그 의 피 로 우린 구 원 받았 네
구 원 받 고 주 – 경 배 드 리 –

십 자

▶▶ 11마디에서는 E7sus4코드를 사용해서 후렴으로 가기 전에 분위기를 상승시키고 있습니다. E7sus4부분을 응용하여서 D코드 아르페지오로 연주할 수도 있고 셋잇단음표로도 연주할 수 있습니다. 악보나 정해진 틀에 얽매이지 말고, 스스로 연주 방법을 개발해서 연주해도 좋습니다.

어떤 신디사이저를 구입할까요?

　요즘은 교회에서도 신디사이저를 이용해서 반주를 합니다. 하지만 너무 많은 종류와 기능에 질려서 막상 어느 것을 사야 할지 막막합니다. 어떤 신디사이저를 사는 것이 좋을까요? 요즘 나오는 대부분의 신디사이저들은 다양한 기능과 음반으로 제작하기에도 손색이 없는 음색들을 가지고 있습니다. 그런데, 너무나도 다양한 기능과 효과들 때문에 정작 반주자들이 어려움을 겪는 경우가 많습니다. 소리를 어떻게 찾아야 하는지도 모르고 몇 가지 기능만 알고서 그것만 사용하기에 좋은 악기를 두고 썩히는 느낌도 듭니다.

　신디사이저(Synthesizer)는 근본적으로 '소리합성장치' 입니다. 음색을 조합하거나 섞어서 사용자가 원하는 소리를 만들어내는 기계로, 컴퓨터음악을 하기 위한 장비입니다. 그렇기 때문에 악기 연주를 하는 사람들에게 별로 필요로 하지 않는 음색조합, 합성 등의 기능이 많고 실제 연주에서는 사용하기 어려운 아날로그 음색들이 많습니다. 그래서 연주자들을 위해서 꼭 필요한 음색과 간단한 사용법, 건반 느낌 등을 고려해서 만들어진 악기가 마스터 키보드(Master Keyboard)입니다. 마스터 키보드는 처음에는 컴퓨터에 소리를 입력시키는 장치였지만 이제는 연주에서 사용하는 건반악기라고 생각할 수 있습니다. 마스터 키보드도 좋은 소리를 가지고 있으며 훌륭한 연주를 할 수 있습니다. 몇 가지 원칙만 지킨다면 좋은 신디사이저를 구입할 수 있습니다.

1. 예산을 세웁니다.

　간혹 말만 듣거나, 데모음악에 반해서 무리하게 구입하는 경우가 있습니다. 하지만 먼저 예산을 세우는 것이 중요합니다. 70만원부터 300만원에 호가하는 것까지 다양하니 먼저 예산을 세워야 합니다. 다 그렇지는 않지만 보통 가격과 성능은 비례하기에 투자를 하면 좋은 악기를 살 수 있습니다.

2. 어디에 쓸 것인지 먼저 정합니다.

　피아노 위주로 연주할 것인지, 스트링, 브라스 등에 주로 사용할 것인지 구분하는 것이 중요합니다.

　피아노를 주로 사용하게 된다면, 피아노 음색이 충실하고, 간단하면서도 건반 터치가 좋은 마스터 키보드를 구입하고, 브라스나 스트링 등 효과음을 많이 쓴다면, 사용하기 편하고 음색이 다양한 신디사이저가 좋습니다.

3. 누가 연주할 것인가?

　보통 반주는 여성이나 나이가 어린 학생들이 많이 하기 때문에 고난이도의 기술이 필요한 신디사이저는 활용도 면에서 많이 떨어집니다. 만약 기계에 어려워하는 사람이라면 고급 기능이 많은 악기보다는 음색을 쉽게 찾을 수 있고, 원하는 연주를 쉽게 할 수 있는 악기를 고르는 것이 중요합니다. 신디사이저는 근본적으로 컴퓨터음악 악기이기 때문에 어렵다는 것을 잊지 마세요.

Chapter 2
리듬

화성보다 더 중요한 것이 리듬입니다. 리듬은 안정감이 제일입니다. 아무리 화려하고 테크닉이
좋아도 불안정하다면 좋은 반주가 아닙니다. 왼손으로만 먼저 연습하고 그후에 오른손과 함께
연주하면 아무리 어려운 리듬의 곡이라도 연주할 수 있습니다.

반주를 하면 뭔가 화려한 것을 보여줘야 하고,
남들이 치지 못하는 것도 보여줘야 한다는
생각이 있습니다.
하지만 단순하면서도 정확하고 흔들림 없는
반주가 제대로 된 반주입니다.
가장 단순하면서도 큰 힘을 발휘하는
반주법이 바로 4비트 반주입니다.
오른손을 한마디에 4번 치는 것뿐입니다.
하지만 정확하게 안정적으로 연주하는 것이 가장 중요합니다.
4비트 반주만 제대로 할 줄 알면 피아노 반주의 70%는
마무리한 것입니다.

4비트

6 4비트

4비트 반주만 잘하면 느린 곡은 완성된다

4비트 반주란 보통의 $\frac{4}{4}$박자 곡에서 오른손으로 한마디에 4번씩 치는(4 Beat) 주법입니다. 느린 곡에서는 가장 기본이 되고 중요한 주법이지만 상대적으로 쉽다고 느끼기 때문에 대충 넘어가는 경우가 많습니다. 정말 반주를 잘 하는 사람은 4비트 반주를 잘하는 사람입니다.

● 기본적인 4비트 반주 예제

한마디에 4번을 연주하는 4비트 반주의 기본적인 형식입니다. 물론 $\frac{3}{4}$박자에서는 3번을 치게 되지만 일반적으로 3비트가 아닌 4비트라고 합니다. 4비트는 느린 발라드 형식의 곡에서 많이 쓰입니다. 참고로 8비트는 8분음표로 8번을 연주하는 것으로 Rock과 댄스음악에 많이 사용됩니다. 16비트는 주로 16분음표를 사용하여서 연주하는 방법으로 펑키(Funk)음악에서 많이 쓰입니다. 4비트 연주를 하다가 가끔 8분음표가 나올수는 있습니다. 하지만 크게 보아서 4비트라고 생각하는 것입니다.

위의 예제는 코드의 기본형을 잡고 4분음표를 연주하고 있습니다. 오른손으로 일정하게 연주하는 4분음표는 음악을 안정적으로 만들며 이 안정감은 보컬을 편안하게 합니다. 왼손의 점4분음표 사용으로 단조로울 수 있는 리듬에 변화를 주고 있습니다. 가장 보편적인 반주여서 쉽게 보일 수 있지만 정말로 중요한 반주 패턴입니다.

보컬 반주에서 가장 중요한 것은 안정성입니다. 반주자들의 리듬이 불안정하면 제대로 노래를 부를 수 없기 때문입니다. 4번의 4분음표가 불규칙하다면 보컬들은 노래를 제대로 부를 수 없습니다. 꼭 메트로놈을 틀고서 정확한 4비트를 연주합시다.

Up Grade !!

왼손패턴은 크게 다음의 2가지로 나눌 수 있습니다. 뒤의 패턴은 곡이 진행되는 느낌이 강합니다.

• 기본적인 왼손반주 패턴

← 곡이 진행되는 느낌

간단하기는 하지만 처음에는 쉽지 않습니다. 반드시 메트로놈을 틀어놓고 오른손 연습을 먼저 시작합니다. 오른손을 일정하게 연주할 수 있게 되면 왼손으로 위의 두 가지 패턴을 반복합니다. 처음엔 악보를 보고 시작하지만 악보를 보지 않고 치는 것이 중요합니다.

• 붙임줄을 사용한 왼손반주 패턴

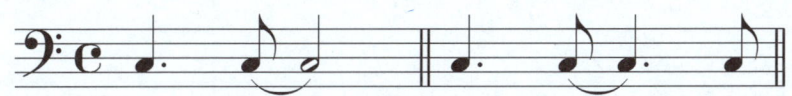

붙임줄을 사용해서 왼손에 변화를 주었습니다. 당김음이 되기 때문에 더욱 주의가 필요합니다.

• 왼손에 붙임줄이 있는 4비트 연주

당김음 느낌이 나기 때문에 오른손과 혼동될 수 있습니다. 하지만 메트로놈을 이용하여 연습하면 쉽게 적응할 수 있습니다.

다양한 키의 4비트 반주를 연습해봅시다.

이 외의 악보와 다른 조성에서도 막힘 없이 연주할 수 있도록 연습하세요.

다음 악보는 시편40편의 일부입니다. 원래 악보는 C키이지만 한음을 올려서 D키로 전조하였습니다. 다른 키의 곡에서도 안정적으로 반주할 수 있어야 합니다.

하나님의 음성을 듣고 자기도 하면

김지면

악보를 보고 그대로 연주하지 말고 코드를 보면서 자연스럽게 4비트 반주를 할 수 있도록 연습해야 합니다.

실전곡 연습 주님의 시간에 (In His Time)

▶▶ 코드의 기본형을 사용하여서 4비트로 연주하고 있습니다. 중간중간 상황에 따라서 코드의 기본형을 사용하지 않은 경우도 있지만 크게 상관은 없습니다. 왼손과 오른손 패턴을 확실하게 익혀서 어떤 곡이 나와도 4비트로 칠 수 있도록 준비하여야 합니다.

Linda Diane Ball

주 님 의 ─ 시 간 에 ─ 그 의 뜻 이 뤄 지 길 기 다 려 ─ 하 루

오른손이 반음씩 내려오고 있습니다.

▶▶ 마지막 엔딩에서 4도 코드인 F코드를 잠시 연주했습니다. C코드가 계속될 경우 지루해질 수 있기 때문입니다. F음을 연주하는 것을 생각하면 sus4코드와 비슷합니다. F코드를 대신해서 Csus4코드를 사용하여 Csus4→C코드로 끝나도 좋습니다.

가장 아래음을 왼손이 치고 있기 때문에 오른손 솔은 삭제했습니다.

실전곡 연습 부흥

▶▶A키의 대표적인 곡인 '부흥' 입니다. 오른손으로 멜로디를 연주하지 않은 것은, 실제 반주를 할 때에 멜로디를 치는 경우가 별로 없기 때문입니다. 후렴부분으로 갔을 때 한 옥타브를 올려서 연주했을 뿐, 거의 대부분 비슷한 코드가 반복됩니다. 각 코드를 기본형으로 안정적으로 누를 수 있어야 합니다. 쉬워 보이지만 악보를 보면서 하나하나 코드를 확인하세요.

고형원

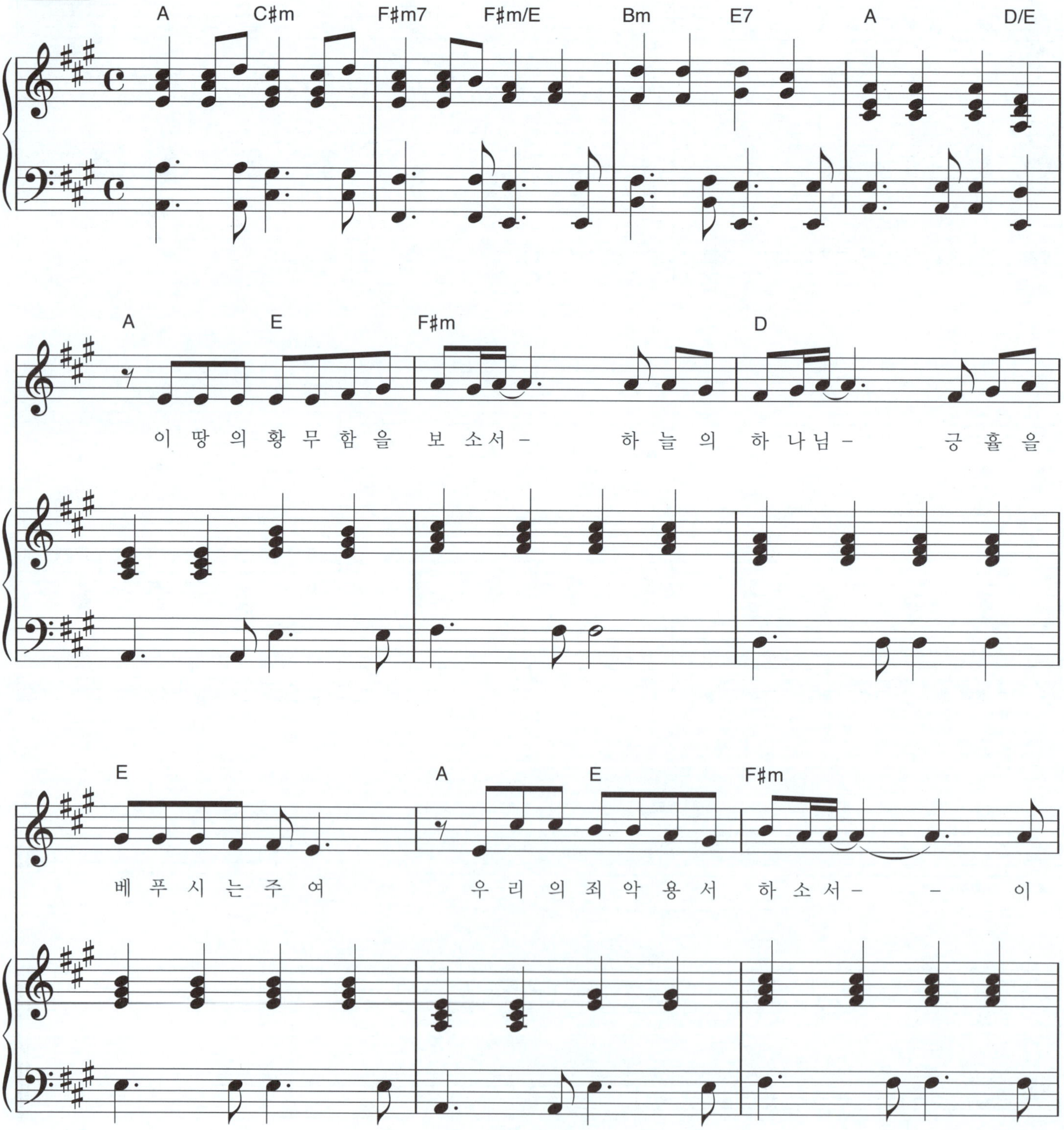

(악보)

가사: 이 땅의 황무함을 보소서 – 하늘의 하나님 – 긍휼을

베푸시는주여 우리의죄악용서 하소서 – – 이

※ 전주는 마지막 부분을 참고하여 만들었습니다.

땅 고 쳐 주 소 서　　　　　　이 제 우 리 모 두 하

G코드에 '솔'을 반음 올리지 않도록 주의하세요.

나 되 어 -　　이 땅 의 무 너 진 -　　기 초 를 다 시 쌓 을 때

우 리 의 우 상 들 을 태 우 실 -　　성 령 의 불 - 임 하 소

서　　　　　부 흥 의 불 길 - 타 오 르 게 하 소 서 -

진 리 의 말 씀 - 이 땅 새 롭 게 하 소 서 -　　　은 혜 의 강 물 - 흐 르 게

하 소 서 -　　　성 령 의 바 - 람 - 이 제 불 어 　와　　　　오 -

주 의영 - 광가 득한 새 날주소

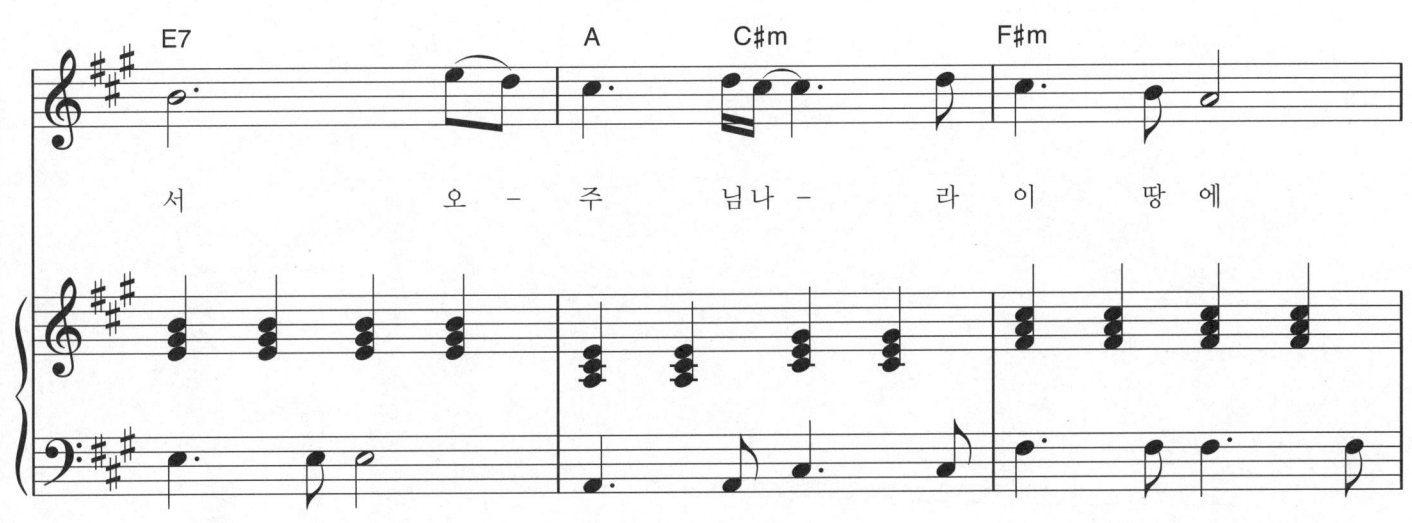

서 오 - 주 님나 - 라 이 땅에

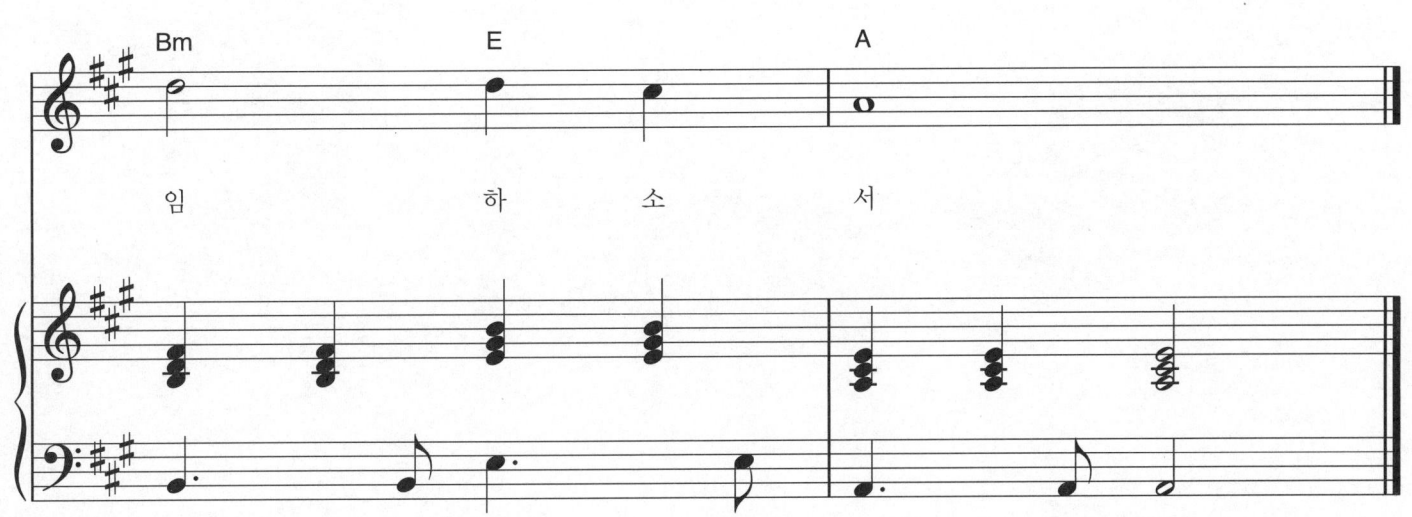

임 하소 서

C코드는 '도미솔'이지만 '미솔도', '솔도미'
모두 C코드입니다. C코드를 '도미솔'만 알고 있다면
초보를 벗어나지 못한 것입니다.
4비트 연주는 열심히 하긴 하는데,
손이 이리저리 움직이면 보기에도 정신없고,
연주도 불안정합니다. 한군데에서 4비트를 연주하기
위해서는 자리바꿈 연습을 확실히 하고 건반을 보면서
자리바꿈 연습을 합시다. 자리바꿈을 할 줄 아느냐
할 줄 모르느냐에 따라서 초급과 중급 반주자가 갈립니다.

4비트의 자리바꿈

07

7 4비트의 자리바꿈

자리바꿈으로 더욱 부드럽게

73페이지의 '시편 40편'을 악보대로 연주하면 오른손이 많이 움직이는 것을 알 수 있습니다. 오른손을 많이 움직이는 반주를 하게 되면 반주가 부드럽게 들리지 않습니다. 코드의 기본형으로만 치기 때문입니다. C코드는 '도미솔'이지만 '미솔도'와 '솔도미'도 같은 C코드입니다. 자리바꿈을 한 것입니다. 이렇게 자리바꿈을 하여 코드를 연주할 수 있으면 반주가 훨씬 부드러워집니다.

● C코드의 자리바꿈 형태

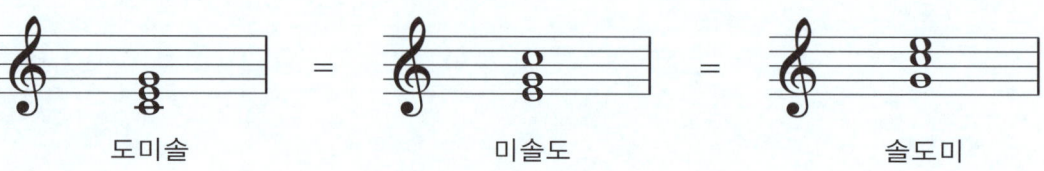

위의 코드는 모두 C코드입니다. 단지 쌓는 순서가 바뀌었을 뿐입니다.

F코드도 마찬가지입니다. 파라도, 라도파, 도파라 모두 같은 F코드이고 구성만 조금 바뀌었을 뿐입니다. '파' 아래에서 가장 위로 올라간 형태를 '첫 번째 자리바꿈', 첫 번째 자리바꿈을 한 번 더 자리바꿈하면 '두 번째 자리바꿈'이 됩니다.

Up Grade !!

12키의 자리바꿈을 일정한 템포에서 하는 연습예제 악보입니다. 코드가 4도 위로 진행하면서 12키를 돌고 있습니다. 2마디 안에서 자리바꿈을 하여 올라갔다가 내려오는 연습입니다. 메트로놈을 틀어놓고 천천히 연습하세요. 왼손과 오른손 양손으로 연습하며 코드의 순서와 누르는 음을 모두 암기하여서 악보를 보지 않고도 연주할 수 있도록 충분히 연습해야 합니다.

3번째 마디의 F코드를 살펴보면 기본형인 🎼𝄞 로 시작하는 것이 아닌 C코드의 기본형과 가까운 형태인 🎼𝄞 에서 시작합니다. 손가락을 많이 움직이지 않고 코드를 바꾸는 연습을 하는 것입니다. 똑같은 방법으로 아르페지오 연습을 해봅시다. 손가락의 위치를 기억하는 것이 중요합니다. 건반을 보면서 연습하는 것도 좋은 방법입니다.

위의 연습을 마쳤으면 마이너 코드의 자리바꿈 연습도 진행해서 모든 코드의 자리바꿈형을 기억합시다.

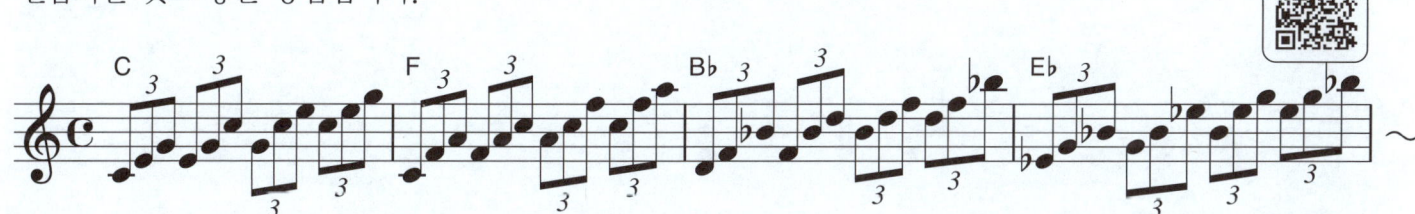

'시편40편'을 자리바꿈을 이용하여 연습하는 방법입니다. 멜로디가 없는 피아노 반주악보입니다.

코드가 바뀌는 부분에서 코드의 자리바꿈을 사용하여 오른손이 많이 움직이지 않기에 반주가 부드럽게 이어지고 있습니다. 둘째 마디의 첫 번째 음인 Em코드의 '시미솔'은 C코드의 '도미솔'과 공통음을 2개 공유하고 있습니다. 결국 Em코드는 '도'를 잡고 있는 엄지손가락 한 개만 '시'로 내려줌으로 Em코드를 잡을 수있는 것입니다. 2마디의 첫 번째 음들은 Em코드의 두 번째 자리바꿈을 사용하여서 앞의 C코드를 부드럽게이어나갔습니다. 이렇게 물이 흘러가듯이 화음들이 연결되는 방법을 보이스 리딩(Voice leading)이라고 합니다. 보이스 리딩에 신경쓰면서 4비트 반주를 할 수 있다면 반주실력은 이미 상당한 수준에 오른 것입니다.어떤 코드에서도 보이스 리딩을 하면서 연주할 수 있도록 연습합시다.

● C키에서의 코드 자리바꿈 연습

가장 높은 음의 흐름이 자연스러운 물결처럼 느껴집니다. 물이 흐르듯이 반주를 하면 특별한 기법을 사용하지 않아도 좋은 반주가 됩니다.

실전적용!!

여러 키에서 연습해봅시다. 코드만 보고서 자리바꿈을 자연스럽게 할 수 있어야 합니다.

실전곡 연습 예수 사랑해요 (Alleluia)

▶▶ 코드의 자리바꿈을 이용하여 오른손을 많이 움직이지 않고 연주한 전형적인 4비트 반주입니다. 오른손 멜로디가 멜로디보다 아래로 있어서 피아노 반주가 튀지 않는 것이 특징입니다.

Jude Del Hierro

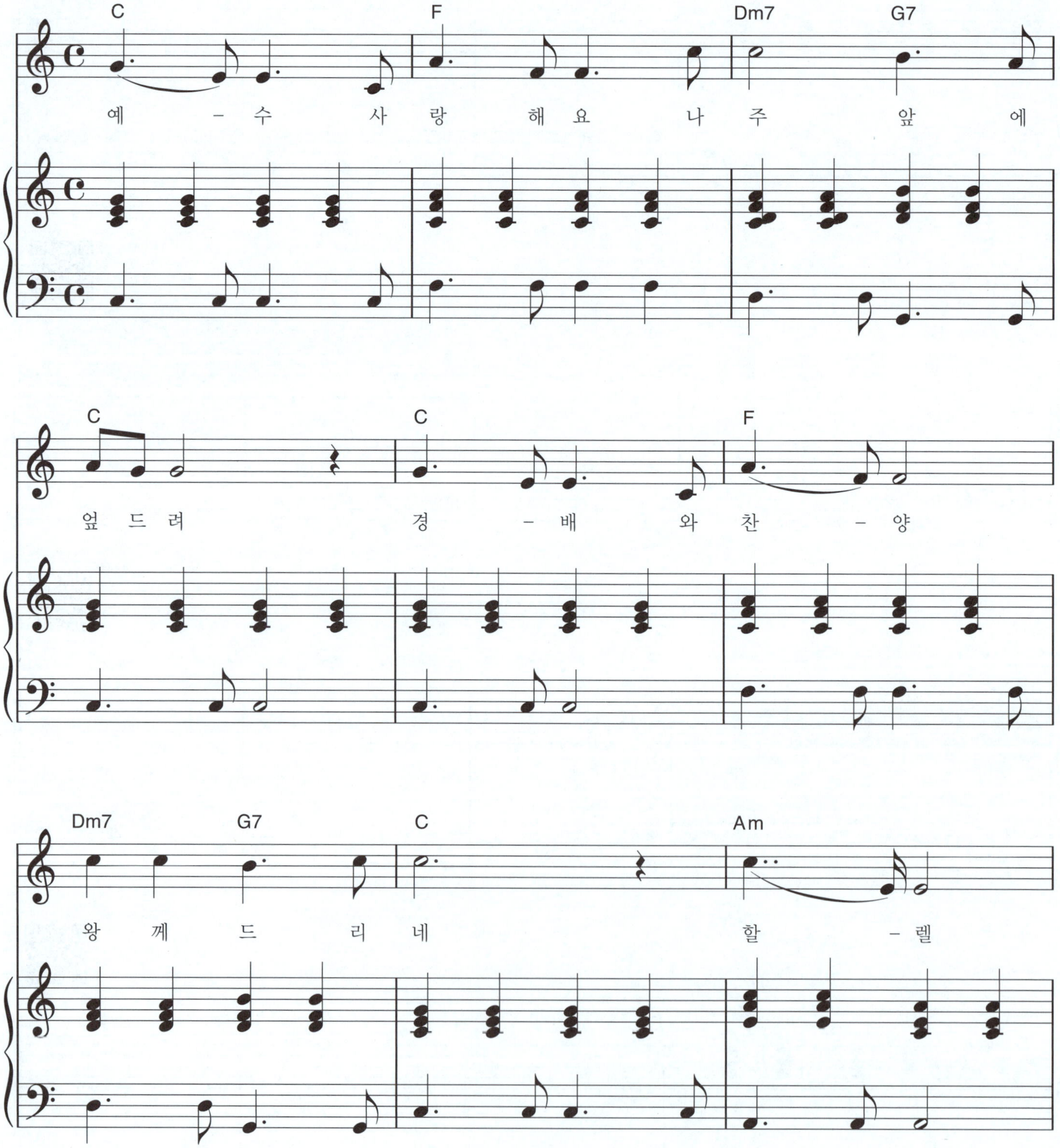

예 - 수 사랑 해 요 나 주 앞 에

엎 드 려 경 - 배 와 찬 - 양

왕 께 드 리 네 할 - 렐

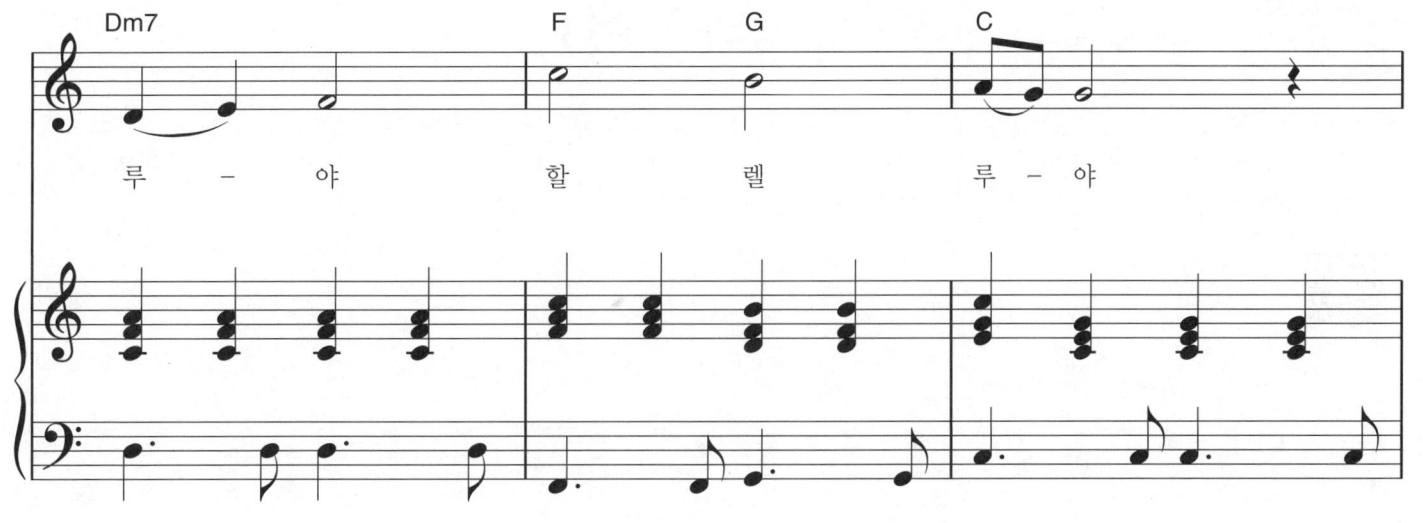

루 - 야 할 렐 루 - 야

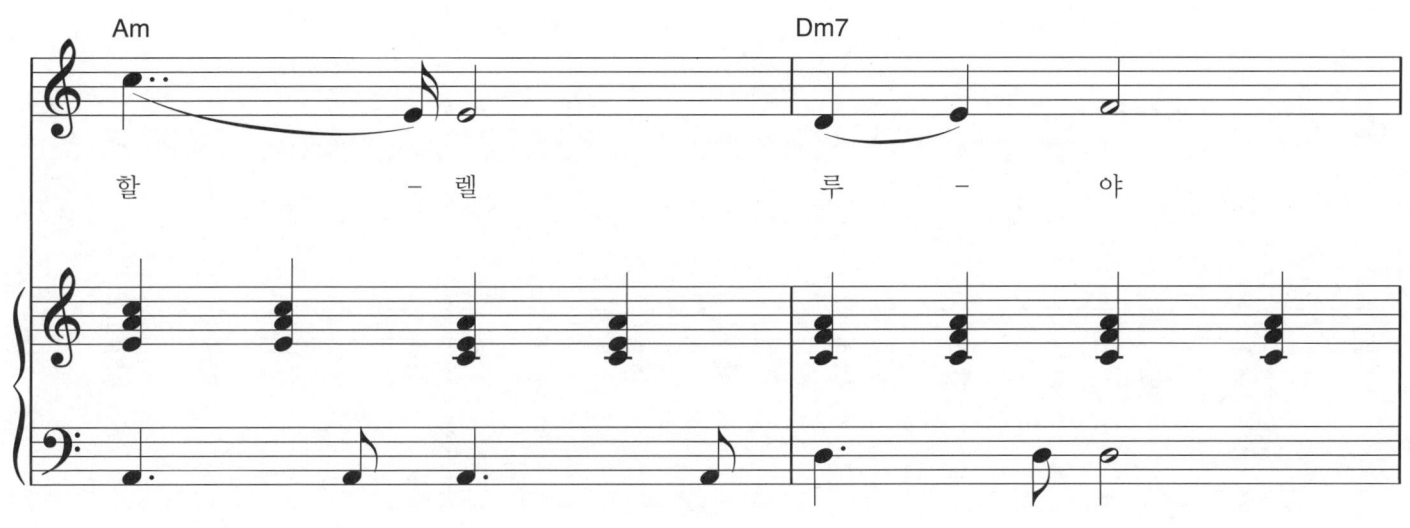

할 - 렐 루 - 야

할 렐 - 루

실전곡 연습 부흥(자리바꿈형)

▶▶ 앞에서 배웠던 '부흥'을 자리바꿈을 사용해서 연주해 보겠습니다. 코드의 자리바꿈을 사용하고 있기 때문에 오른손이 안정되고, 소리도 부드럽게 이어집니다. 멜로디에 따라서 오른손의 위치가 조금씩 바뀌고 있습니다. 이제 4비트를 연주할 때는 항상 자리바꿈을 이용하여 치도록 합시다.

고형원

이 땅의 황무함을 보소서 – 하늘의 하나님 – 긍휼을

자리바꿈을 사용하여 부드럽게 진행되고 있습니다.

베 푸시는 주 여 우 리의 죄 악 용서 하소서 – – 이

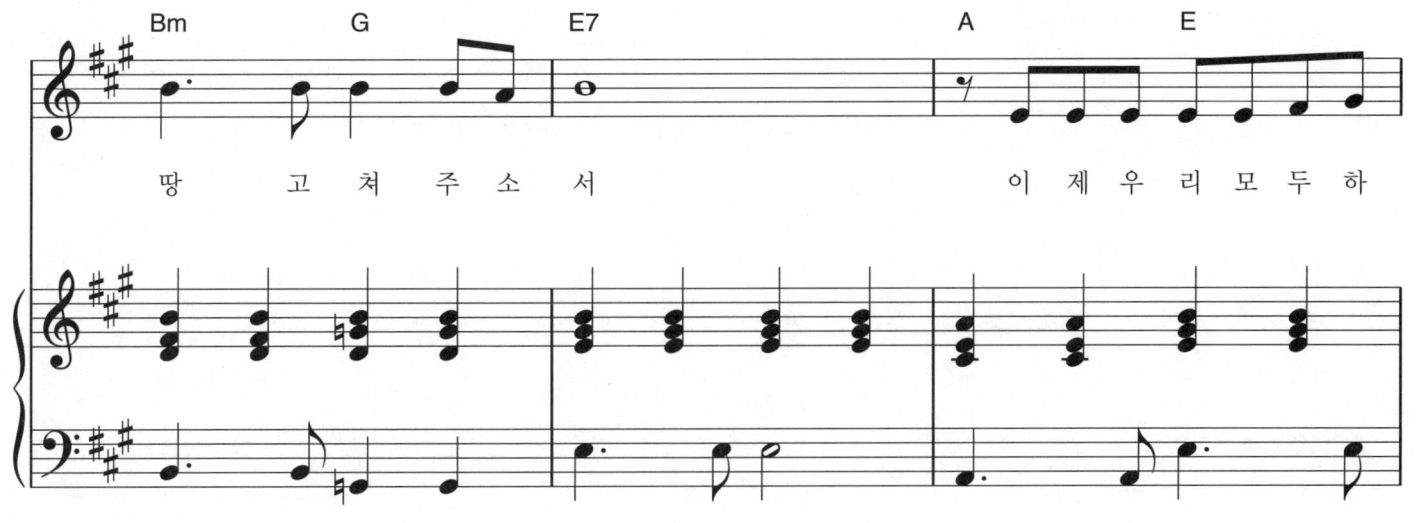

땅 고 쳐 주 소 서　　　　　　　이 제 우 리 모 두 하

나 되 어 -　　이 땅 의 무 너 진 -　　기 초 를 다 시 쌓 을 때

우 리 의 우 상 들 을 태 우 실 -　　성 령 의 불 - 임 하 소

서   부 흥 의 불길 - 타 오 르 게 하 소 서 -

멜로디가 높아짐에 따라 오른손 위치도 올라가고 있습니다.

진 리 의 말씀 - 이땅새 롭게 하 소 서 -   은 혜 의 강물 - 흐 르 게

하 소 서 -   성 령 의 바-람 - 이제불어 와   오 -

주 의영 – 광가 득한 새 날주소

서 오 – 주 님나 – 라이 땅에

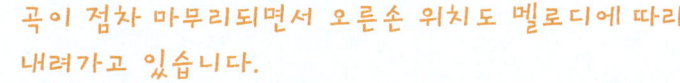
곡이 점차 마무리되면서 오른손 위치도 멜로디에 따라
내려가고 있습니다.

임 하소 서

신디사이저 사용법 1

신디사이저 한 대로 수십 가지 악기를 연주하는 것을 본 적이 있는지요? 바이올린이나 색소폰 같은 악기를 연주하는 것부터 오케스트라까지 수십 가지 악기를 연주할 수 있는 것이 신디사이저입니다.

수십 가지 소리를 내는 방법에는 몇 가지 테크닉이 있습니다.

1. 레이어(Layer)

'쌓는다' 라는 의미를 가진 레이어는 소리를 중복한다는 의미입니다. 피아노 소리에 스트링 소리를 섞는다면 피아노를 치는 것만으로도 스트링도 함께 연주하게 됩니다. 아예 PianoString 이라는 소리로 세팅되어있는 악기도 많습니다. 피아노 소리에 목관악기 소리를 합성할 수도 있고 사용자가 원한다면 베이스 소리도 합성할 수 있습니다. 신디사이저에 따라서는 2-3가지 소리를 한꺼번에 중복하거나 그 이상의 악기도 중복할 수 있습니다. 하지만 많은 소리를 합성한다고 해서 그것이 꼭 좋은 소리가 되는 것은 아닙니다.

2. 스플릿(Split)

건반 영역을 나누어서 각자 소리가 나도록 하는 방법입니다. 피아노 아래쪽은 베이스 소리가 나도록 하고 중간부분은 피아노 소리가 나도록 해서 마치 피아노와 베이스를 같이 연주하는 것처럼 들리게 하는 것입니다. 영역을 2개 뿐만 아니라 그 이상으로도 나눌 수 있으나 보통 2-3개 영역으로 나눕니다. 아래쪽은 베이스 소리를, 중간 영역은 피아노 소리, 윗부분은 스트링이나 브라스를 설정하여서 3가지 악기를 연주하는 것처럼 들리게 할 수 있습니다.

3. 애프터 터치(After Touch)

요즘 대부분의 건반은 애프터 터치를 지원합니다. 건반에 센서가 달려있어서 얼마만큼의 세기로 건반을 연주하는지 계산해서 소리를 내는 것입니다. 세게 치면 세게 들리고 여리게 치면 여리게 들리는 것인데, 터치의 강약에 따라서 소리를 달리 할 수 있습니다. 세게 치면 피아노 소리가 나고, 약하게 치면 스트링 소리가 나는 신디사이저를 본 적이 있을 것입니다. 약하게 누르면 피아노나 스트링 소리가 나지만, 세게 누르면 브라스 소리가 나게 할 수도 있는 것입니다.

4. 위의 세가지를 혼합

스플릿과 레이어를 동시에 설정해놓고 애프터 터치까지 이용한다면 신디사이저 한 대로 10가지 소리를 낼 수 있습니다.

낮은 음역 쪽에는 베이스 세팅을 하고 애프터 터치 조절로 세게 칠 경우에는 팀파티 소리가 들리도록 할 수 있습니다. 중간 영역에는 피아노와 스트링을 합성한 것을 부드럽게 칠 경우에 소리 나게 하고 세게 치면 브라스 소리로 바뀌도록 할 수 있고, 높은 음역에서는 오르간 소리를 세팅한 후에 세게 치면 Windbell 같은 소리가 나도록 할 수 있는 것입니다.

이런 방법은 순전히 연주자의 몫입니다. 이 같은 세팅을 한다고 해서 잘 치는 것도 아니고, 이런 세팅을 하지 못한다고 해서 못 치는 것도 아니지만 그 가능성 만큼은 무궁무진합니다. 반주자가 개발하고 노력할 때에 신디사이저의 놀라운 기능을 발휘할 수 있는 것입니다. 비싼 신디사이저를 사놓고도 어렵다는 이유만으로 피아노처럼 사용하거나 한 가지 소리만 사용한다면 제대로 활용하지 못하는 것입니다. 비싼 만큼 잘 활용하고, 활용하는 것만큼 신디사이저의 기능이 안 따라줄 때 악기를 업그레이드 하는 것이 좋습니다. 명필은 붓을 탓하지 않습니다.

5. 신디사이저의 드럼 연주를 활용한다.

신디사이저에는 악기소리뿐 아니라 리듬영역도 설정되어있습니다. 타악기 소리가 따로 모인 경우도 있고 일반악기 소리 쪽에 있는 경우도 있습니다.

일반적으로 교회에서 쓰는 드럼은 어쿠스틱 드럼으로 전자악기 소리를 내기에는 부족합니다. 신디사이저 연주자가 드럼의 기본을 알고 기본 비트 정도를 연주할 수 있으면 상당한 리듬 효과를 낼 수 있습니다.

어쿠스틱 드럼으로는 불가능한 전자드럼 소리나, 브러쉬를 사용한 드럼 소리와 다양한 심벌 소리를 낼 수 있습니다. 워낙 성능이 좋고 소리도 리얼하기 때문에 실제로 연주하는 것인지, 신디사이저로 연주하는 것인지 구분하기 어려울 정도입니다.

일반 드럼은 드러머에게 연주하도록 하고 팀발레나 퍼커션 소리를 신디사이저로 연주하면 소리가 더욱 풍성해집니다. 드러머가 부족한 현실을 생각하면, 드러머가 없을 때 신디사이저로 대신 드럼을 연주할 수 있습니다.

느린 곡은 좀 할 수 있는데 빠른 곡은 어떻게 반주할 지

막막한 분들이 계십니다. 이때 8비트를 사용하면 대부분의

빠른 곡은 연주할 수 있습니다. 4비트가 4번을 치는 것이니까

8비트는 8분음표를 8번 치면 됩니다.

물론 8비트 연주를 해도 일정하지 않다면 소용 없습니다.

8비트를 일정하게 연주하면 빠른 곡도 대부분 잘 연주할 수 있습니다.

8비트

08

8비트

8분음표를 규칙적으로

4비트가 4분음표를 사용한 것이었다면 8비트는 8분음표를 8개 사용하여서 리듬을 만들어내는 기법입니다. Rock 음악에서 많이 사용하는 리듬으로 8분음표를 일정하게 연주하는 것이 무엇보다 중요합니다. 빠른 곡에서 8비트를 사용하면 대부분의 빠른 CCM을 연주할 수 있습니다.

한마디에 8분음표가 중심이 되어 있는 곡이라면 8비트 곡이라고 할 수 있습니다. Rock 음악에서 많이 사용되며 베이스 기타가 기본적인 리듬을 연주하거나 피아노의 왼손으로 기본 리듬을 연주하는 경우가 많습니다.

• 8비트 사용 예❶

한 마디에 8분음표를 8개 사용하여서 리듬을 만들고 있습니다. Rock 느낌의 빠른 곡에서 자주 사용하는 기법으로 일정한 음표들이 안정감을 주고 있습니다. 빠른 곡에서 연주할 수 있습니다. 반복되는 패턴이 밋밋할 수 있기에 강세를 주어서 리듬감을 더했습니다.

• 8비트 사용 예❷

➡ 오른손으로도 8비트 리듬을 연주할 수 있습니다.

• 8비트 사용 예-왼손을 짧게 끊은 경우

8비트 리듬을 사용한 대표적인 곡 '우린 쉬지 않으리' 입니다. 일반적으로는 베이스 기타가 아래 리듬을 연주하지만 피아노로 연주할 때에는 왼손으로 연주하게 됩니다.

일정하게 8분음표를 연주한다는 것이 그리 쉽지만은 않습니다. 왼손을 들으면서, 즉 8비트 리듬을 의식하면서 멜로디를 연주한다면 보다 리듬감 있는 8비트 연주를 할 수 있습니다.

우린 쉬지 않으리
(We will Give Ourselves No Rest)

Matt Redman / Steve Cantellow

왼손을 스타카토로 짧게 끊어치고 있고 오른손은 8비트로 연주하고 있습니다. 피아노 한 대로 반주를 할 때에 가장 기본적인 형태입니다. 보컬이 멜로디를 안정적으로 부를 수 있도록 오른손 8분음표를 일정하게 연주하는 것이 무엇보다 중요합니다.

우린 쉬지 않으리
(We will Give Ourselves No Rest)

Matt Redman / Steve Cantellow

우린 쉬지 않 - 으 리 -   천국 임할 때 - 까지 -

우리는 성 벽 - 의 파 - 수 꾼 -

다음 악보는 왼손으로 8분음표를 연주하고 있고 오른손으로는 곡의 화성을 넣어서 반주한 경우입니다. 오른손으로 무엇인가를 연주해야 한다는 생각을 버려야 합니다. 8비트 리듬을 느낄 수만 있다면 오른손으로 화성을 연주하는 것만으로도 충분히 멋진 반주가 됩니다. 만약 왼손을 베이스기타가 연주할 경우에는 양손으로 화성을 연주해도 좋습니다. 리듬영역을 베이스 기타에게 넘겼기 때문에 피아노는 화성을 연주하는 역할만 하면 되는 것입니다. 무리해서 오른손을 많이 친다면 오히려 반주가 지저분해집니다.

우린 쉬지 않으리
(We will Give Ourselves No Rest)

Matt Redman / Steve Cantellow

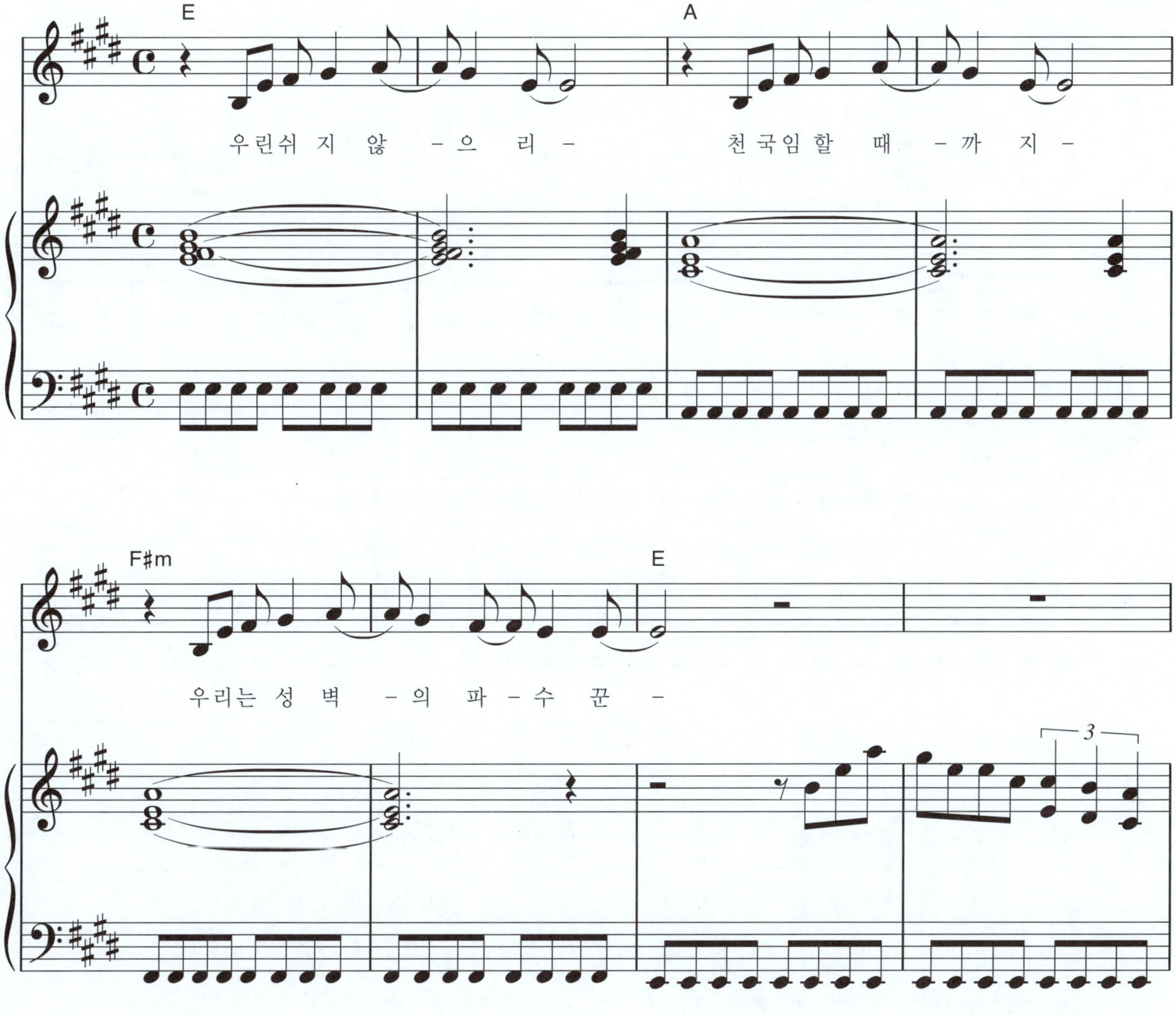

우린쉬 지 않 -으 리 -   천 국임할 때 -까 지 -

우리는 성 벽 -의 파 -수 꾼 -

실전곡 연습 생명 주께 있네 (My Life is In You Lord)

▶▶ 전형적인 8비트 곡입니다. 베이스 기타가 연주하는 8비트 부분을 피아노의 왼손으로 연주하고 있습니다. 오른손으로 화성을 쌓아서 멜로디를 강조했습니다. 합주할 때에 베이스 기타나 일렉 기타가 8비트 리듬을 연주한다면 피아노와 중복되기 때문에 굳이 8비트 리듬을 연주할 필요는 없습니다.

Daniel Gardner

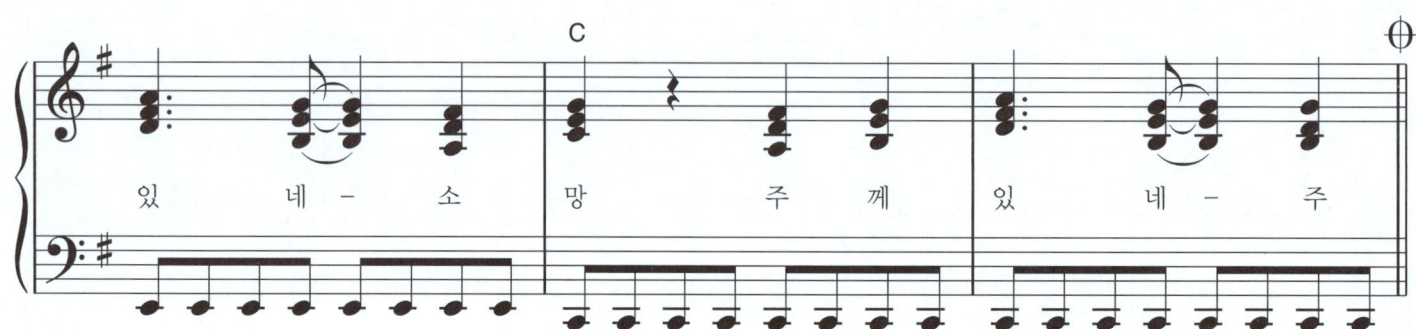

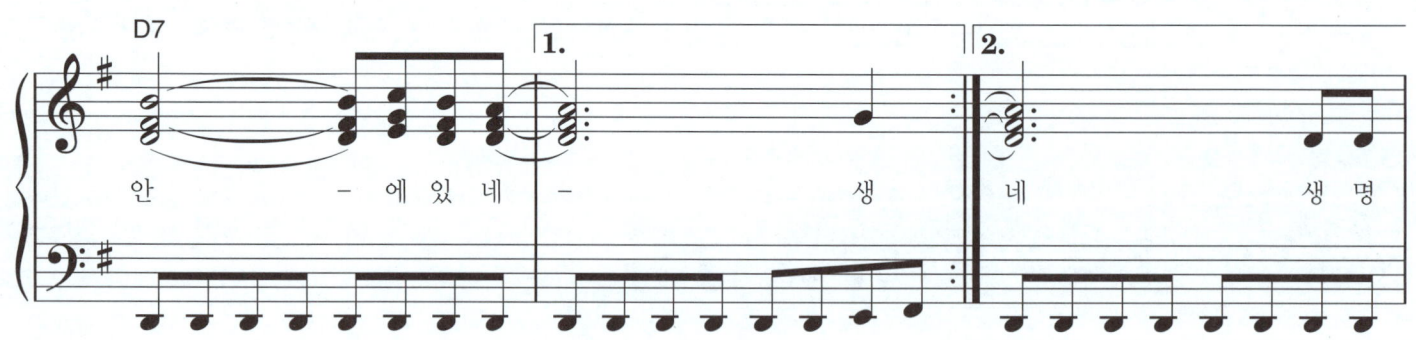

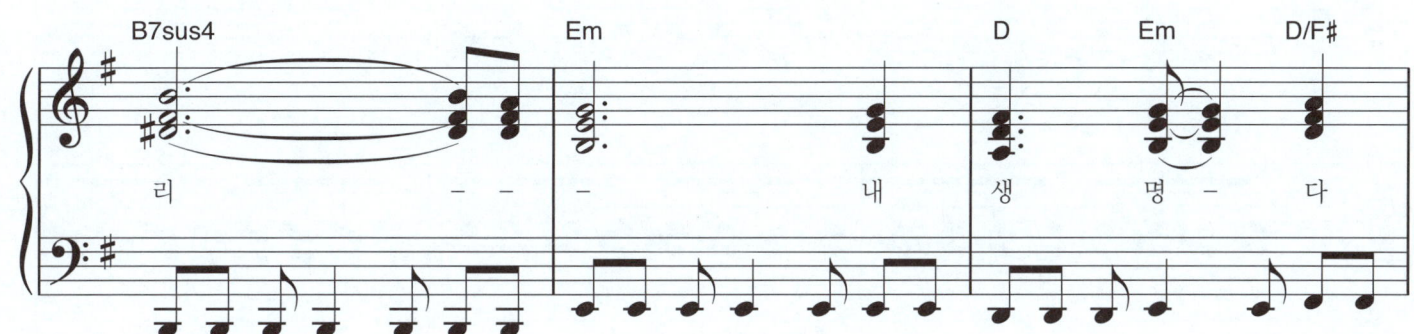

4분음표로 변화를 주었습니다. 힘껏 눌러주세요.

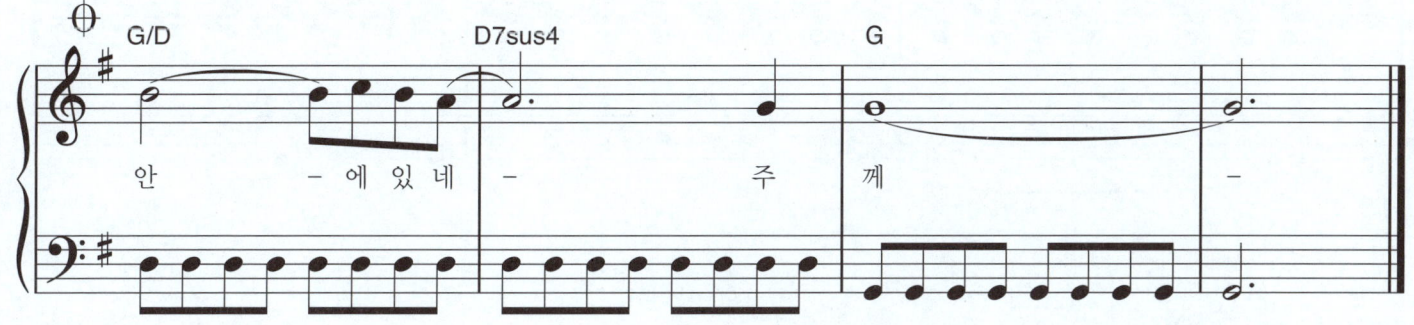

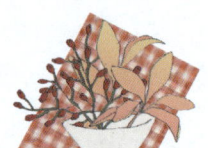

은밀한 곳 조용한 곳에(주 알기원해)

실전곡 연습 (In The Secret In The Quiet Place (I Want To Know You More))

▸▸8비트 리듬을 오른손으로 연주하다가 뒷부분에서는 왼손이 연주합니다. 오른손 연주가 반복되면 안정감을 느낄 수 있지만 단조로울 수도 있습니다. 그 때 왼손이 선율적으로 조금씩 움직여 주면 단조로움을 줄일 수 있고 붙임줄을 사용하여서 변화를 줄 수도 있습니다.

Andy Park

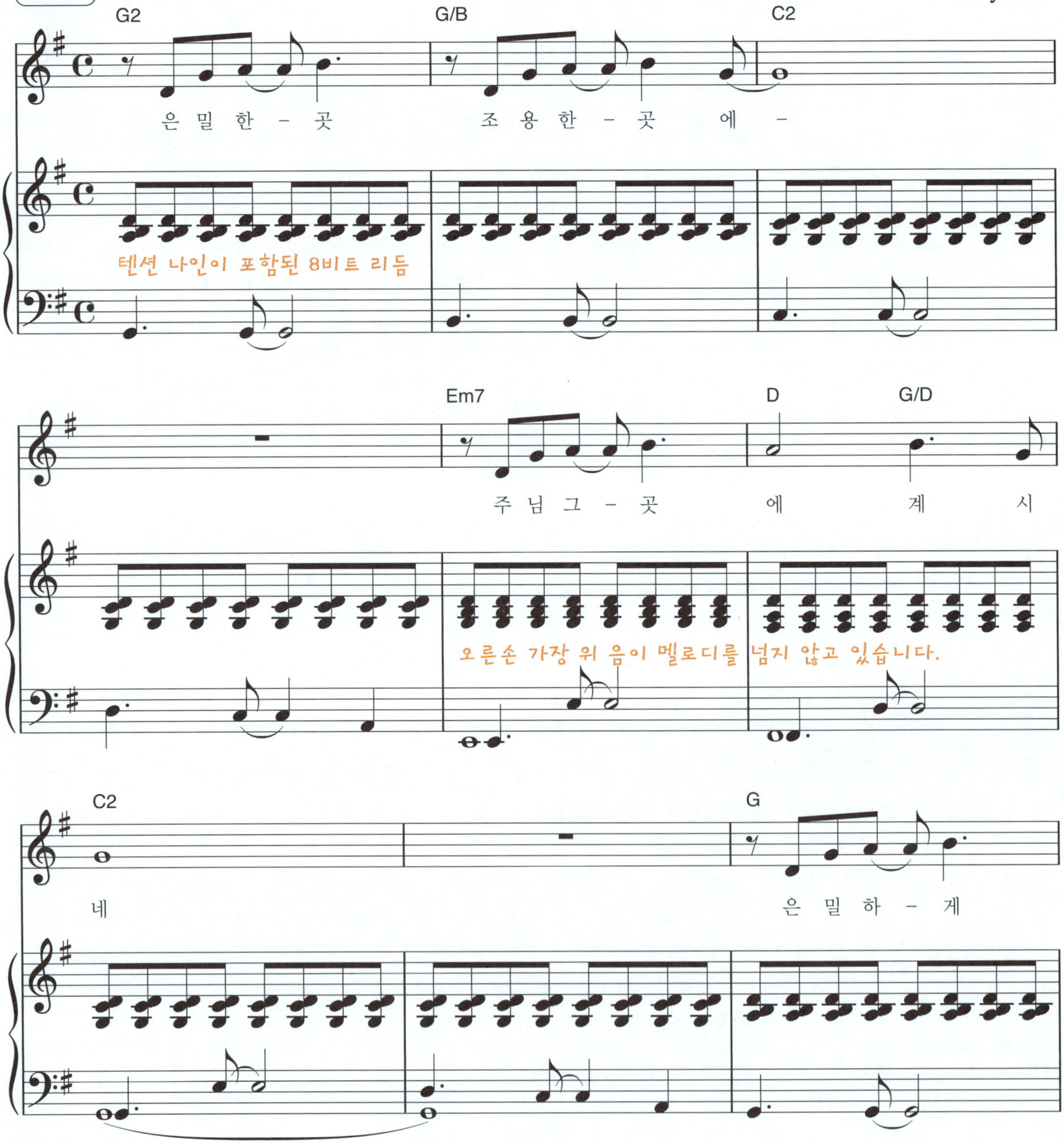
G2
G/B
C2
은 밀 한 - 곳
조 용 한 - 곳
에 -
텐션 나인이 포함된 8비트 리듬
Em7
D
G/D
주 님 그 - 곳
에
계
시
오른손 가장 위 음이 멜로디를 넘지 않고 있습니다.
C2
G
네
은 밀 하 - 게

조 용 하 - 게 주 - 님 만 을 - 기 - 다 리 리 - -

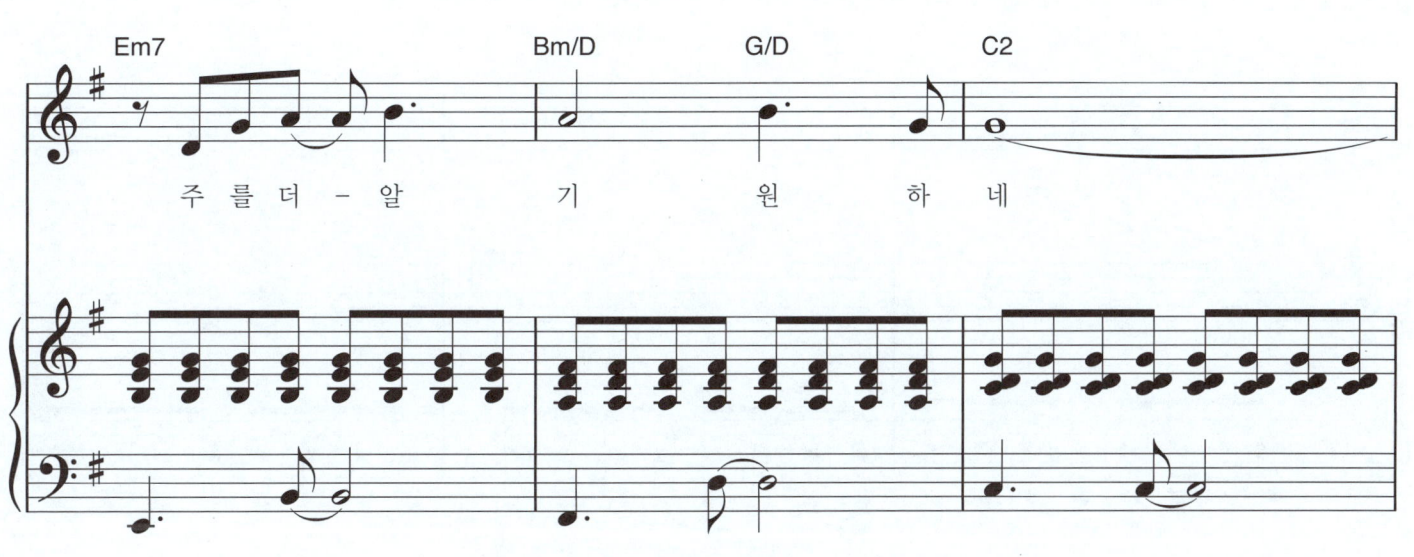

주 를 더 - 알 기 원 하 네

- 주 알 기 원 - 해

왼손으로 바꿔서 8비트 리듬을 연주하고 있습니다.

그 음 성 들 기 - - 를 간 절 히

원 - 하 네

6도 보이싱 사용

주 보 기 원 - 해 주 님 을

멜로디를 중복하여 강조하고 있습니다.

104

만 나 — — 길 간 절 히 원 — 하

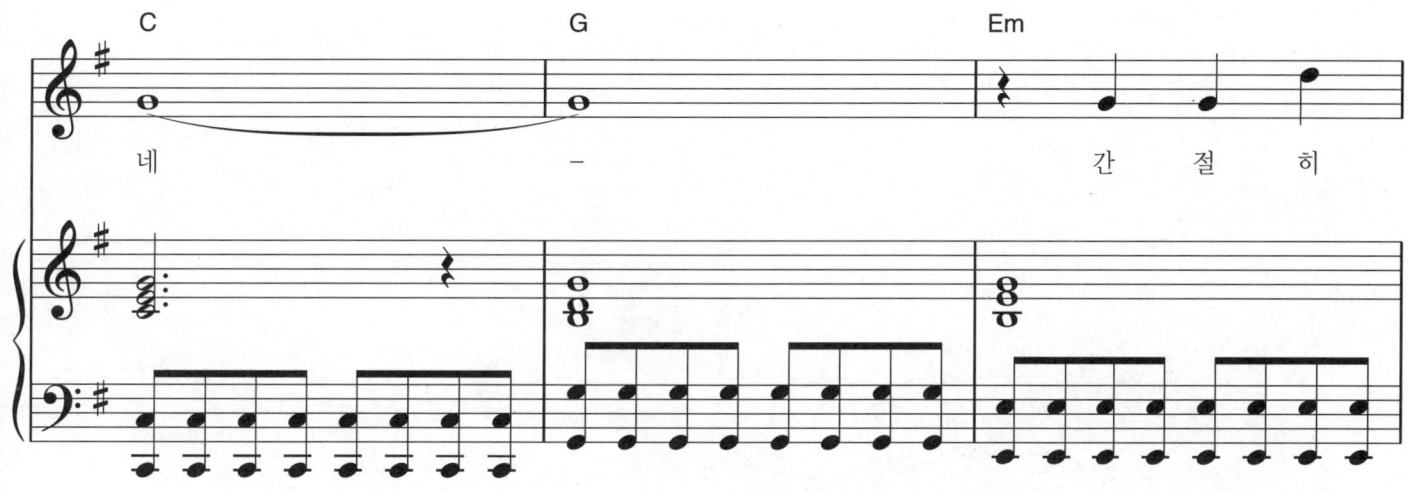

네 — 간 절 히

원 — 하 네 —

많지는 않지만 스윙재즈로 반주할 수 있는 CCM곡들이
있습니다. 그런데 재즈 느낌을 나게 하는 것이
쉽지만은 않습니다. 하지만 워킹 베이스 주법을 할 수 있다면
재즈 느낌을 낼 수 있습니다. 재즈 밴드에서 더블 베이스가
'둥둥둥둥' 연주하는 기법이 바로 워킹 베이스 주법입니다.
성큼성큼 계단을 걸어가는 모습이 연상되고
재즈 연주에서 빠질 수 없는 연주법입니다.
이 기법을 피아노의 왼손으로 연주하는 것입니다.

스윙 재즈
느낌을 주고 싶다면?
09

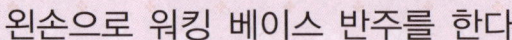

9 스윙 재즈 느낌을 주고 싶다면?

왼손으로 워킹 베이스 반주를 한다

'아주 먼 옛날' 같은 곡은 스윙 느낌으로 연주할 수 있습니다. 스윙(Swing)은 재즈의 독특한 리듬으로 흥겨움을 더해주는데, 부점 리듬과도 비슷합니다. 스윙 느낌을 주기 위해서는 왼손으로 워킹 베이스(Walking Bass) 주법을 사용해야 합니다. 성큼성큼 걸어가는 느낌의 이 주법은 $\frac{4}{4}$박자의 곡에서 4분음표를 4번 연주하여서 리듬감을 만드는 주법입니다. 재즈밴드에서 콘트라베이스가 주로 연주하는데 피아노에서는 왼손으로 낮은 음역에서 연주하게 됩니다.

워킹 베이스 주법은 4분음표 4개를 사용하는 것이 기본입니다. 정확한 타이밍이 중요한데, 왼손이 부정확하고 리듬이 흔들리면 전체적인 리듬이 흔들리고, 결국 노래 부르는 사람이 제대로 노래할 수 없게 됩니다. 반드시 메트로놈과 함께 연습해야 합니다.

워킹 베이스의 첫 번째 방법은 한마디 안에서 루트를 4번 연주하는 것입니다.

● 루트를 4번 연주

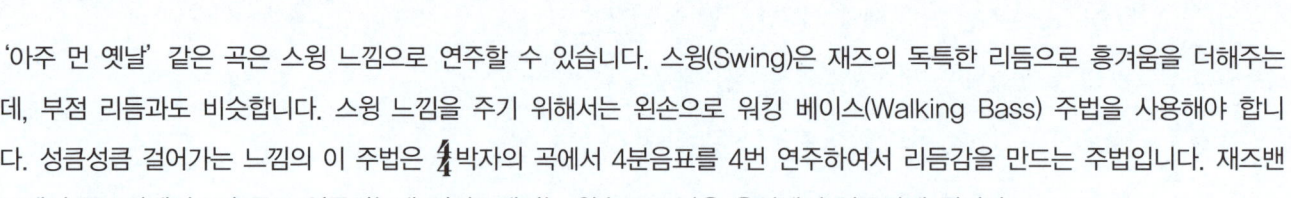

가장 쉽게 연주할 수 있는 워킹 베이스 방법입니다. 하지만 타이밍이 정확하지 않으면 아무리 쉬워보여도 제대로 연주할 수 없습니다. 워킹 베이스를 연주하는 두 번째 방법은 중간 중간에 옥타브 위아래의 루트를 넣어서 변화를 주는 것입니다.

● 루트를 옥타브 위아래로 연주

지금까지는 비교적 쉬운 방법입니다. 하지만 이제부터 조금씩 어려워지는데 단계를 밟아 나가면 충분히 마스터 할 수 있습니다.

워킹 베이스를 연주하는 세 번째 방법은 코드의 5음을 넣는 것입니다. 메이저나 마이너, 도미넌트 코드의 5음은 완전5도이기 때문에 비교적 쉽게 5음을 찾아서 넣을 수 있습니다.

왼손 손가락 번호를 생각하면 루트에서 5번째 음이 5음입니다.

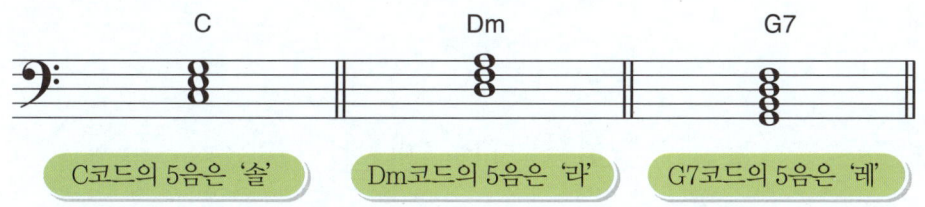

C코드의 5음은 '솔'　　Dm코드의 5음은 '라'　　G7코드의 5음은 '레'

• 5음이 들어간 워킹 베이스 패턴

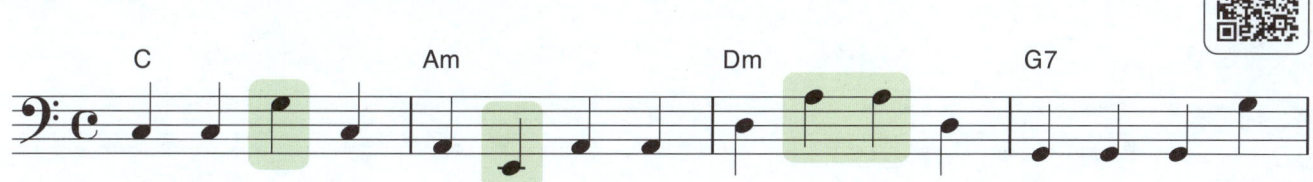

워킹 베이스를 연주하는 4번째 방법은 코드의 4번째 음을 다음 코드의 반음 위나, 아래 음으로 연주하는 것입니다.

• 4번째 음을 다음 코드의 반음 위아래 음으로 연주

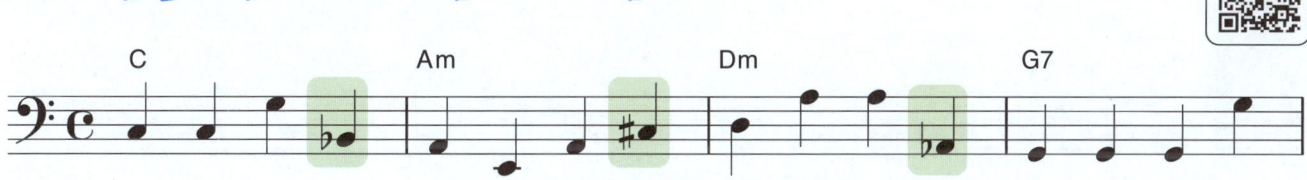

첫 마디의 마지막 음 B♭음은 Am코드의 루트인 A음의 반음 위에 있는 음입니다. 2번째 마디의 마지막 음 C♯은 Dm코드의 루트인 D음의 반음 아래의 음입니다. 왼손 연주를 하면서 다음 코드를 확인하고 빨리 반음 위아래의 음을 생각해서 누르는 순발력이 중요합니다. 마지막은 3번째 음을 바꾸는 것으로서 4번째 음의 반음 위아래를 연주하는 것입니다. 3번째 음을 연주하기 위해서는 4번째 음을 알아야 하고 결국 다음 코드의 루트의 한음 위아래를 생각해서 미리 연주하는 것입니다.

• 3번째 음이 다음 코드의 한 음 위아래를 연주

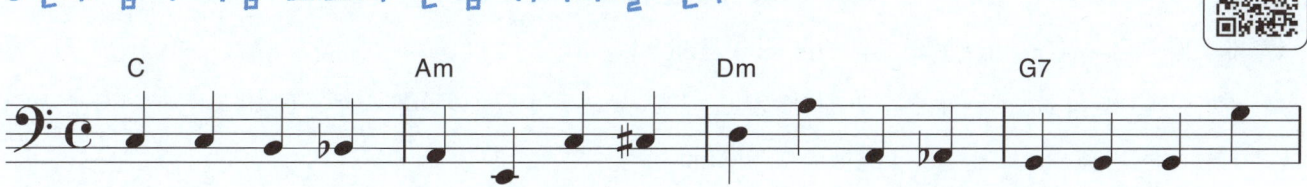

이제 지금까지 배운 5가지 패턴을 모두 섞어서 워킹 베이스를 연주해보겠습니다.

'아주 먼 옛날'을 멜로디와 왼손 워킹 베이스를 사용하여 연주하는데 오른손 연주는 정확하게 8분음표로 치는 것보다는 약간 바운스 느낌을 주어서 통통 튀는 느낌으로 연주합니다. 하지만 부점 연주가 되지 않도록 주의해야 합니다.

아주 먼 옛날

천태혁

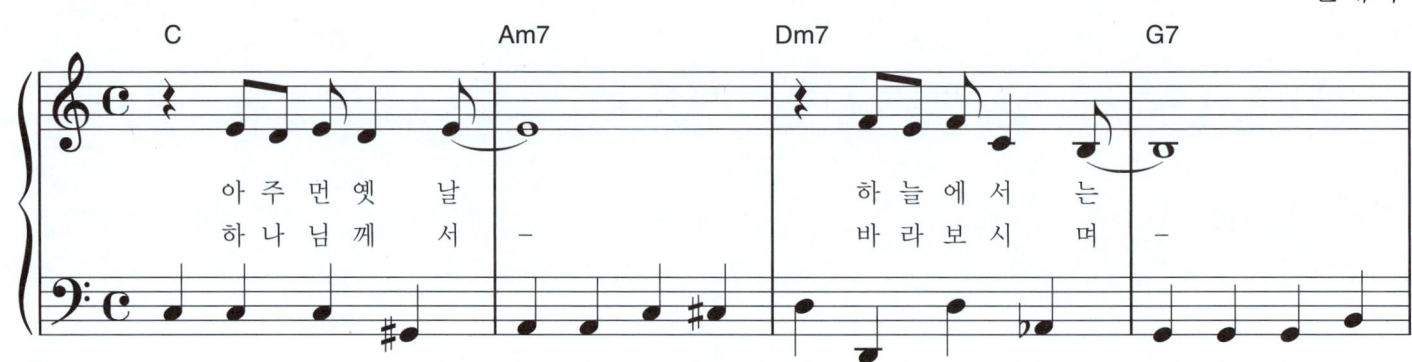

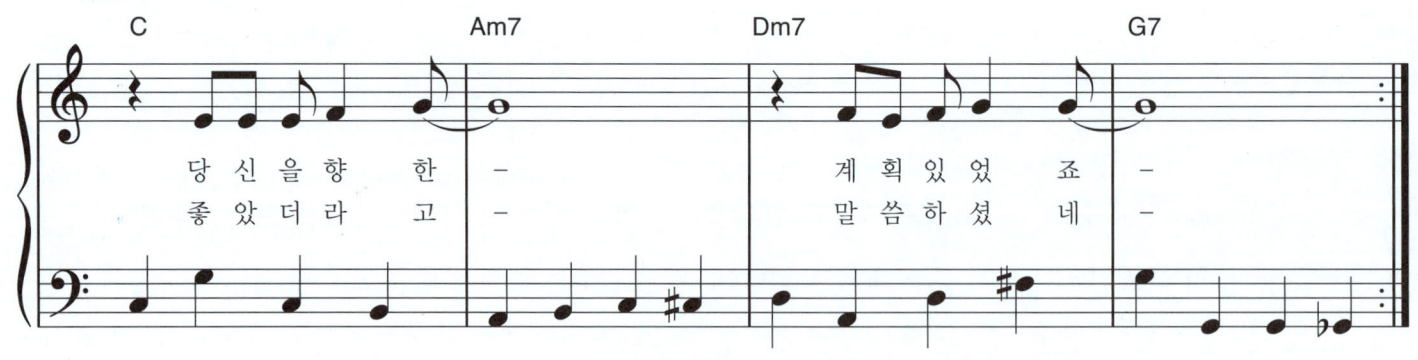

❶ 첫 마디 4번째 음 솔#은 다음 Am7코드의 반음 아래음입니다.

❷ 두 번째 마디의 C, C#음은 다음 코드의 루트인 D의 한음, 반음 아래음으로 순차적으로 진행중입니다.

❸ 세 번째 마디 A♭음은 다음 코드 G의 반음 위의 음입니다.

❹ 다섯 번째 마디의 B음은 A의 한음 위 음이지만 C 메이저 스케일이 있는 음이기 때문에 B음을 사용해도 자연스럽습니다. 물론 반음 내려서 B♭음을 사용할 수도 있습니다.

다른 키의 코드 진행으로 워킹 베이스를 연주해봅시다. 마찬가지로 오른손 멜로디 연주이며 왼손은 워킹 베이스 연주입니다. 코드만 보고서도 워킹 베이스를 연주하는 것이 목표입니다.

주님께 알렐루야

최덕신

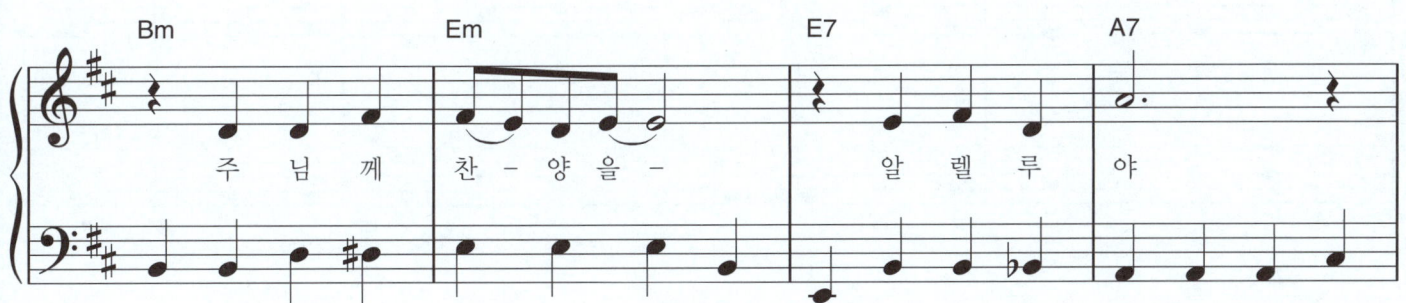

다음의 코드 진행으로도 워킹 베이스를 연주할 수 있도록 연습합시다.

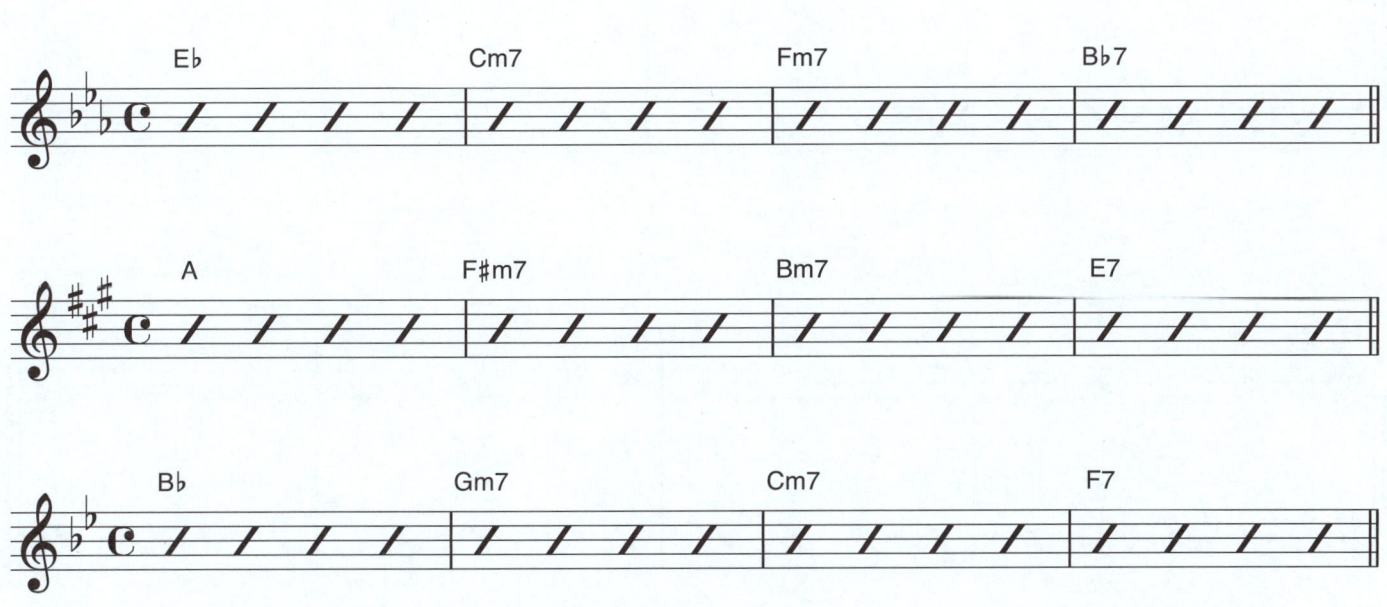

예수 사랑 하심은

▶▶ 3번째 단부터는 스스로 워킹 베이스 라인을 만들어 봅시다. 워킹 베이스를 만드는데 있어서 방법은 있지만 정답은 없습니다. 실제로 재즈 베이스를 연주하는 사람들은 워킹 베이스를 아름다운 멜로디처럼 만들어서 연주하기도 합니다. 자신만의 워킹 베이스 라인을 만드는 것은 매우 중요합니다.

W.B.Bradbury

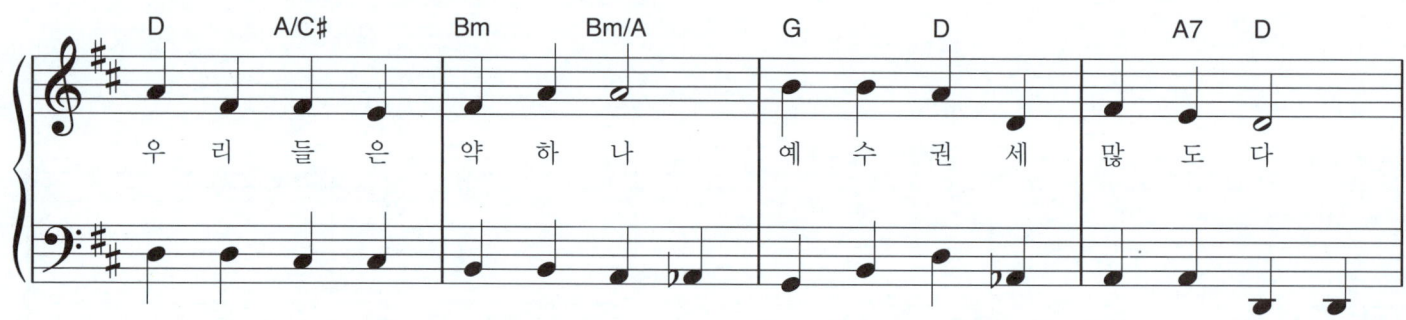

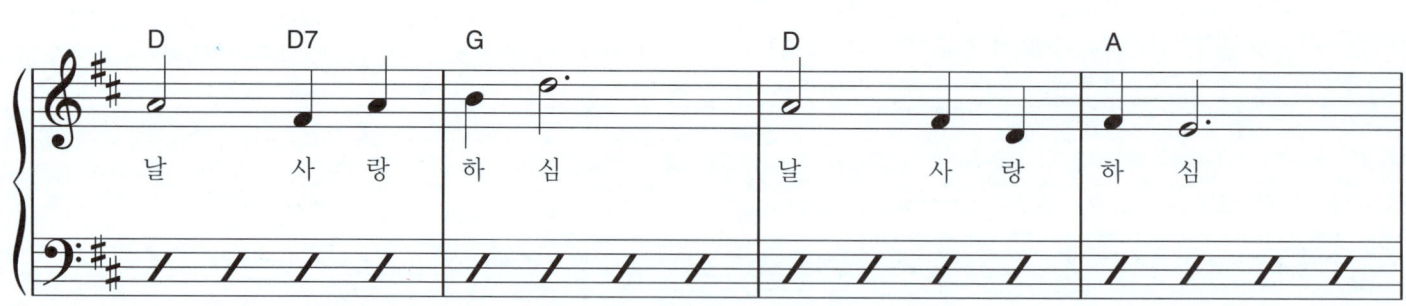

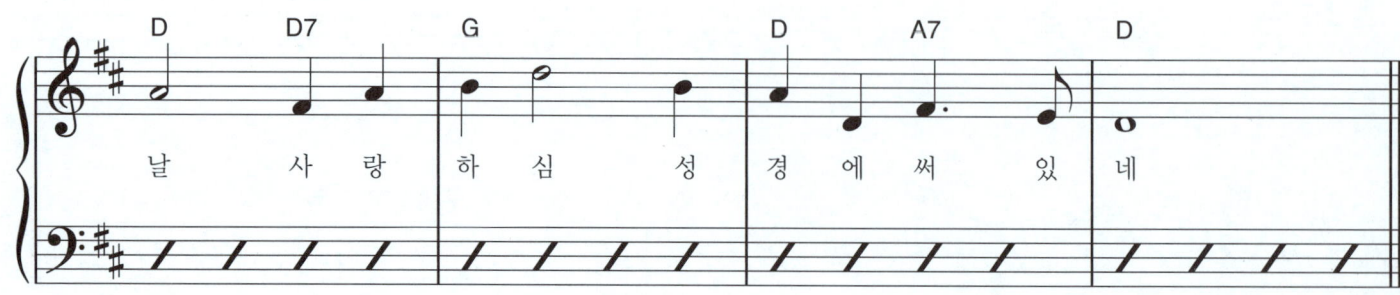

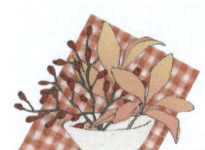

실전곡 연습 주님께 알렐루야

▸▸ 왼손은 워킹 베이스 반주, 오른손은 간단한 화음을 넣어서 완성한 곡입니다. 왼손은 한 옥타브 낮게 연주해도 좋습니다. 왼손 반주를 흔들림 없이 성큼성큼 걸어가듯이 하는 것이 중요하며, 2, 4번째 박에 강세를 주면 더욱 리듬감이 살아납니다. 오른손 멜로디는 정확한 8분음표가 아닌 스윙 리듬으로 연주하는 것이 좋습니다.

최덕신

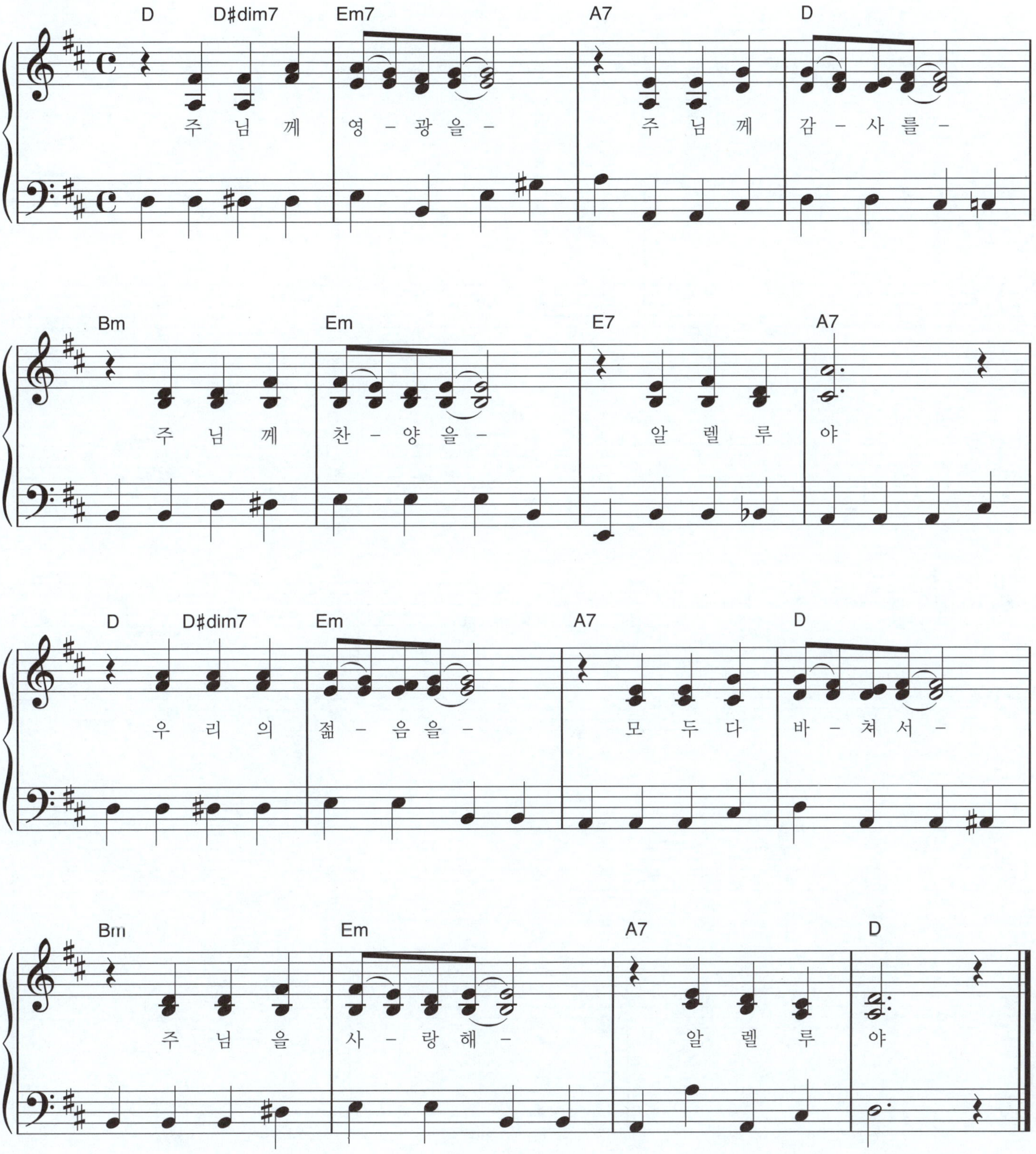

실전곡 연습 주의 친절한 팔에 안기세

▶▶ 왼손은 코드의 코드톤과 반음진행을 사용한 것뿐입니다. 오른손은 많은 연주를 하지는 않지만 스윙리듬으로 엇박과 당김음 등을 사용했습니다. 자꾸 무엇을 채워 넣으려는 것보다는 얌전하게 코드톤만 누르고 있어도 흥겨운 왼손 워킹 베이스 때문에 재즈 느낌이 나게 됩니다.

A.J.Showalter

주 의 친 절 한 팔 에 안 기 세 우 리 맘 이 평 안

하 리 니 항 상 기 쁘 고 복 이 되 겠 네

영 원 하 신 팔 에 안 기 세 주 의

▶▶ 오른손은 반 박자나 한 박자를 쉬고 들어가면 좋습니다. 리듬은 왼손이 맡고 있기 때문에 오른손으로 리듬을 연주할
  필요는 없고, 코드의 꼭 필요한 음들만 살짝살짝 눌러주면 됩니다. 재즈피아노에서는 이것을 '컴핑' 이라고 하며 재
  즈에서 사용하는 반주 형태입니다.

실전곡 연습 선한 목자 되신 우리 주

▶▶ 악보에는 부점 리듬으로 표시되어있지만 사실은 스윙리듬입니다. 8분음표를 살짝살짝 튕겨주는 느낌으로 연주하는 것입니다. 오른손은 많이 칠 필요가 없으며, 비는 공간은 애드립을 스스로 만들어봅시다. 코드톤만 순서대로 쳐도 멋진 애드립이 만들어집니다.

W.B.Bradbury

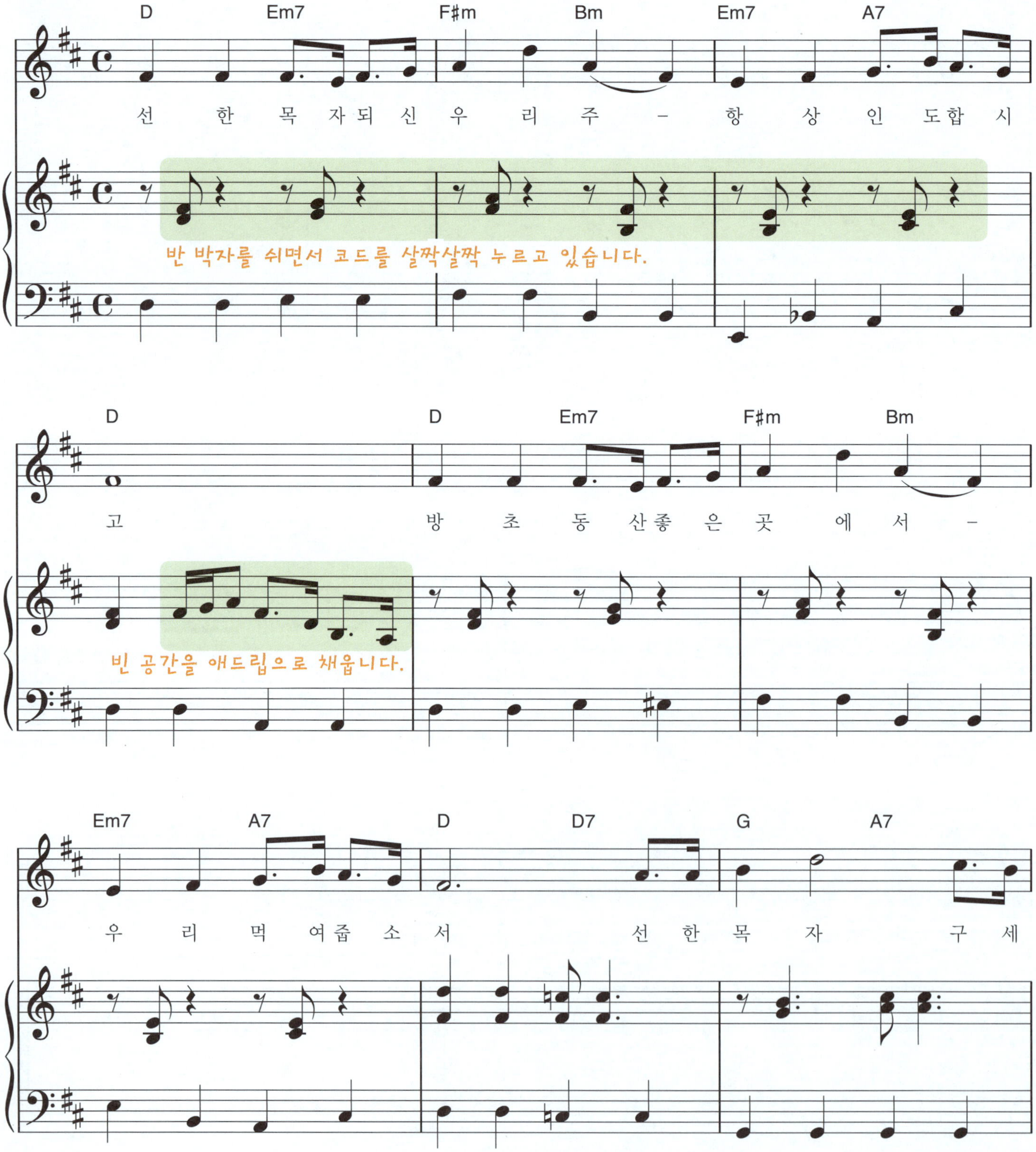

선 한 목 자 되 신 우 리 주 — 항 상 인 도 합 시

반 박자를 쉬면서 코드를 살짝살짝 누르고 있습니다.

고　　　　방 초 동 산 좋 은 곳 에 서 —

빈 공간을 애드립으로 채웁니다.

우 리 먹 여 줍 소 서　　　선 한 목 자 구 세

표시는 부점이지만 실제로는 8분음표를 살짝 튕겨주는 느낌으로 연주합니다.

코드톤만 눌렀는데도 멋진 애드립이 만들어졌습니다.

신디사이저 사용법 2

참 다양한 분야에서 사용되는 신디사이저이지만 사용할 줄 모르면 그냥 조금 가벼운 피아노 한 대가 더 생기는 것뿐입니다. 좋은 신디사이저가 있음에도 잘 사용하지 못하는 모습을 보면 안타깝습니다.

반주자로서 기본적으로 다룰 수 있어야 하는 테크닉을 상황별로 설명합니다.

1. 서스테인 페달이 거꾸로 먹어요!!!

페달을 누르면 서스테인이 되고 떼면 소리가 끊어지는 것이 정상인데 누르면 짧게 끊어지고 떼면 길게 늘어지는 경우가 있습니다. 원인은 여러 가지가 있지만 신디사이저를 켤 때 페달을 밟고 켜면 반대가 되는 경우도 있고 페달 자체에 스위치를 반대로 놓아서 그렇게 되는 경우도 있습니다.

신디사이저를 켤 때에 페달을 연결한 상태에서 밟지 말고 켜면 제대로 돌아오는 경우가 많습니다. 또 페달을 잘 살펴보면 극성을 바꾸는 스위치가 있습니다. 만약 플러스(+)로 되어있다면 마이너스(−)로 고치거나 그 반대로 해주어서 제대로 작동하도록 해야 합니다. 만약 페달에 스위치가 없거나 그래도 잘 되지 않는다면 신디사이저의 세팅으로 들어가서 극성(Polarity)을 바꿔야 합니다. 신디사이저마다 세팅 방법은 조금씩 다르지만 General 혹은 Setting 등의 단어로 찾아 들어가면 극성을 바꾸는 곳이 있습니다. 그곳에서 +,− 를 바꾸면 서스테인 페달이 제대로 소리나게 됩니다.

2. 라인을 어디에 꽂아야 하는 거죠?

보통 신디사이저에 연결된 선은 크게 전원선, 55라인선, 페달선 이렇게 3가지입니다.

일단 전원을 꽂아야 소리가 나오겠죠? KORG나 ROLAND 같은 일본 악기 중에 110V를 사용하는 악기들이 있어서 트랜스를 따로 연결해야 하는 경우도 있지만 요즘엔 대부분 정식으로 수입되기 때문에 220V를 많이 사용합니다. 전원선 연결하는 것 정도는 누구나 쉽게 할 수 있습니다.

신디사이저는 자체 스피커가 없기 때문에 신디사이저의 소리를 스피커까지 연결하기 위한 선(Line)이 필요한데 대부분 55라인을 사용합니다. 직경이 5.5mm이기 때문에 55잭이라고도 합니다. 신디사이저에서 소리가 나가는 부분은 'Audio out' 부분입니다. 1개 혹은 2개의 구멍이 있는데 'Mono'로 표시되어있는 부분에 꽂으면 되고 다른 한쪽은 믹서에 꽂으면 됩니다. 소리가 안 난다면 일단 라인이 잘 연결되어있나 살피는 것이 중요합니다. 라인에서 잡음이 많이 난다면 우선 라인이 제대로 연결되었는지 살펴보고 임시방편으로 라인을 잘 돌려가면서 잡음이 안 나도록 조절합니다. 하지만 음향 담당자에게 교체해줄 것을 요구하는 것이 빠르고 정확한 방법입니다. 마땅히 도움 구할 사람이 없다면, 전기공업사, 철물점 등에 가서 55라인 긴 것을 새로 구입하는 것이 좋습니다.

3. 무슨 소리를 사용해야 할지 모르겠어요.

참 난감한 질문입니다. 무슨 소리를 사용해야 할지 모르겠고, 또 찾기도 쉽지 않아서 실제로 예배 때 사용하려면 많은 어려움이 있습니다. 많은 반주자들이 이 문제로 고민을 하지만 조금만 노력하면 해결할 수 있습니다.

일단, 예배가 끝나고 한가한 시간에 악기 앞에 앉아서 신디사이저의 모든 소리를 들어보세요.

각 Bank에 숨어있는 소리들을 모두 들어보는 것이 좋습니다. 헤드폰을 끼고서 들을 수도 있지만, 실제로 사용되는 예배실에서 직접 소리를 듣는 것이 더 실제적입니다. 실제로 사용되는 공간에서 들어야 제대로 된 소리를 들을 수 있기 때문입니다.

소리를 듣다 보면 교회에서는 전혀 사용할 수 없는 소리가 있는 반면에, 좋은 소리와 사용하고 싶은 소리들이 있습니다. 일단 수첩에 모두 적어놓으세요. 'Bank A의 034번 핸드벨 소리, Patch 모드의 피아노 계열의 120번 String Piano' 등 듣기 좋은 소리를 일단 적어두세요. 그리고 그것들을 각 소리별로 분류해서 깔끔하게 정리한 후에 신디사이저에 붙여주세요. 피아노 계열에서 쓸만한 소리 3-4가지, 브라스에서 쓸만한 소리 3-4 가지 등 각 악기별로 자주 사용될만한 소리 몇 가지를 붙여놓으면 그만큼 사용할 수 있습니다. 보통 1주일에 한두 번 신디사이저를 사용하는데 그 많은 소리들을 다 암기할 수 없기 때문에 적어 놓아야 하며, 혹시 다른 사람이 사용하더라도 쉽게 소리를 찾을 수 있습니다. 너무도 간단한 작업이지만 실제로 실천하는 사람은 적습니다. 하지만 그 효과는 대단하니 이번 주에 당장 실천해보세요.

포인트 **CCM**
반주완성 **1**
QR 개정판

발 행 인   김정태
발 행 처   삼호뮤직 (http://www.samhomusic.com)
　　　　　우편번호 10881
　　　　　경기도 파주시 문발로 175
　　　　　전략기획개발부　　　전화 1577-3588　　　　팩스 (031) 955-3599
　　　　　콘텐츠기획개발부 전화 (031) 955-3588　　팩스 (031) 955-3598
등 　 록   1977년 9월 10일 제 3-61호

ISBN　　　978-89-326-3872-0
　　　　　978-89-326-3871-3(전2권)

본 악보집은 한국크리스천음악저작자협회로부터 승인을 받았습니다(202309030919-1745018-1745517)